ヘイトを とめる レッスン

いきする本だな

말이 칼이 될 때

When Words Hurt

著
ホン・ソンス
홍성수

訳
たなともこ　相沙希子
tanatomoko　Ai Sakiko

日本の読者へ

この本ではヘイトやヘイト表現とは何か、そしてなぜ問題なのかを取り上げています。韓国の事例が多くなりますが、ヘイト表現の問題は世界的な現象なので韓国以外の理論と現状も一緒に取り上げました。

わたしが初めてこのテーマを研究し、この本を出すにあたっては、日本の事例にも注目しました。ヘイトが拡散する現状と原因において日本と韓国は似通った点が多く、たいへんな状況でも希望を紡ぐ人たちがいる点も似ていました。日本を訪れたことはありませんが、日本でヘイトに対抗し闘っている方たちを韓国の討論会に招いてお話を聞いたこともあります。

ヨーロッパや米国で開催された国際学術会議で、日本のヘイト表現問題を研究したりヘイトに立ち向かう方たちとお話をするなかでたくさん共感し、学ぶことができました。ですので、この本が日本で出版されることは、わたしにとってとても意義深い出来事です。

この本で取り上げているヘイト、ヘイト表現を研究することになったのは、2012年頃です。ちょうどその頃、女性、湖南《ホナム》出身者、5・18光州民主化運動の功労者など、マイノリティをヘイトすることを一種の「あそび」のように気安く考えるネットユーザーが増え、韓国社会の深刻な問題として登場し始めていました。そして自然な流れで日本の事例が韓国で紹介され出したのです。なかでもネット右翼や、ヘイト表現に対抗するカウンター運動などの日本の事例は、まさにヘイトが問題になり、ヘイトに立ち向かっていかなければならない韓国にとって重要なものでした。西欧とは社会、経済、文化的な状況が異なりますが、日本の事例からはより多くの共通点を見つけることができたからです。わたしも日本の事例から多くのことを学び、この本でも日本の研究成果、そしてカウンター運動の事例を積極的に紹介しました。

わたしがこのテーマを研究し始めた2012年前後、人権を重んじ民主主義を標榜する国家のうち、ヘイトや差別に対し国家レベルの対応が事実上全くなかった国は、韓国と日本だけでした。良いことではないので残念ですが、韓国と日本は同じ境遇だったのです。しかし10年近くが過ぎた2021年現在、多くの変化がありました。

社会経済の状況が悪化し、コロナ禍でヘイトと差別の問題はさらに深刻化しましたが、さまざまなところで有意義な流れができています。日本のいくつかの地方自治体ではヘイト／差別関連条例が制定され、2016年の大阪市を皮切りに、東京都、神戸市、川崎市などでヘイトスピーチを規制する条例が通過し、同年6月にはヘイトスピーチ解消法（正式名称：本邦外出身者に対する不当な差別的言動の解消に向けた取組の推進に関する法律）が施行されました。韓国でも国家人権委員会がヘイト差別対応特別委員会とヘイト差別対応企画団を設置し、ヘイト表現のレポートを発刊するなど積極的な対応に乗り出しました。市民社会でも差別禁止法制定連帯が発足し、ヘイトと差別の拡散を防ぐための活発な活動を展開していきます。まだまだ足りない部分はありますが、さまざまな場面で希望の芽が育ちつつあります。

2018年1月、この本が韓国で出版されると、たちまち大きな反響がありました。販売部数は3万8000部を超え、その年末には主要メディアとインターネット書店が選ぶ「今年の本」に選ばれました。わたしは全国をまわって200回近い講演をし、本と講演を通じてこれまで考えてきたことや経験をたくさんの人たちと分かち合えたことは、大きな手ごたえになりました。そしてついに日本の読者たちとも思いを共有できることを、とても嬉しく思います。何より翻訳をしてくれた、たなともこさんと相沙希子さんには感謝の気持ちでいっぱいです。

翻訳にあたり意見交換をするなかで、わたしにもたくさんの学びがありました。日本語版の刊行を引き受けてくれた出版社ころからにも心よりお礼申し上げます。韓国では出版から3年がたち、その後の状況変化を反映して2021年下半期にこの本の改訂版を刊行予定ですが、一部改訂版の初稿が今回の日本語版翻訳に反映されています。そのことを了承してくれたアクロス出版にも感謝いたします。

これまで日本と韓国の間には長期にわたり葛藤と確執がありました。しかしこれからは、ヘイトと差別に立ち向かうという共通の課題によって新しい道を模索していけると思います。ヘイトではなく愛《サラン》で、排除ではなく包容で、差別ではなく連帯で歩み始める道に、両国の市民たちが力を合わせることができるはずです。その道のりに、わたしの本が少しでもプラスになれば幸いです。ありがとうございました。

2021年3月　ホン・ソンス

目次

レッスン15 ヘイト表現に対抗表現で立ち向かえ　203

コラム　韓国のヘイト論争

日本語版編集部より

1 本書には、当事者を著しく傷つけるヘイトスピーチが含まれている。しかし、差別や排外を煽る目的ではないことから、伏せ字などを行わず、著者の意向にそって訳出した。

2 日本語版の訳文では、韓国語原文の「嫌悪表現 혐오 표현」を「ヘイト表現」、「嫌悪 혐오」を「ヘイト」とした。韓国語の「嫌悪表現」は英語のヘイトスピーチを訳したもので、その概念は広義に解釈される。一方で、日本社会における「ヘイトスピーチ」はより狭義であり、人種的ヘイトスピーチ（人種や民族属性を理由に人々を排斥する差別的な言動）としてとらえられているからだ。つまり「ヘイト表現」という訳語を選んだのは、現在の日本で使われている「ヘイトスピーチ」との違いを意識したためである。ただし日本の事象や人種主義的なものについては「ヘイトスピーチ」と訳し、「女性嫌悪」は「ミソジニー」の訳語としてそのまま使用した。「同性愛嫌悪＝ホモフォビア」も同様である。

3 原注には算用数字を示し、巻末に表記した。

4 訳注には★を示し、該当ページの欄外に表記した。また、より深い理解に資する目的で、一部の名詞等について韓国語または英語による原語表記を訳注とおなじ扱いで欄外に示した。

はじめに

2012年、わたしは「表現の自由のための政策提案報告書」の、ヘイト表現に関する一章を執筆し、初めてヘイト表現とつながりを持つことになった。そのときには、まさかこの縁が現在まで続くとは思いもしなかった。

当初は興味深いテーマだと思いつつも、現実の切迫した状況に対する応答というよりかは、研究者としての知的好奇心のほうが強かった。しかしそれ以降、ほんとうに切迫した状況がやってきたのだ。2013年には、イルベ★1が大きな社会問題として浮上し、2016年の江南《カンナム》駅女性殺害事件★2以降、女性嫌悪が新しいイシューとなった。まさに「ヘイトの時代」がやってきたのである。わたしも自然とこの流れに乗らざるをえなかった。本意ではなかったが、ヘイト表現に関する数すくない専門家になってしまったからだ。毎月数回ずつヘイト表現の特別講義に招かれ、さまざまな諮問委員会とメディアのインタビューなどに数えきれないほど応じた。2016年には国家人権委員会★3の「ヘイト表現実態調査報告書」

★1 **イルベ 일베** 2010年代に入ってヘイト発言が目立ちはじめたサイトの代表格。「日刊ベスト貯蔵所」の略称。極右サイトであると同時に女性嫌悪サイトとされている

★2 **江南駅女性殺害事件** ソウル市内の繁華街がある江南駅近くの雑居ビルのトイレで、犯人と面識がなかった22歳の女性が殺害された事件。犯人は「社会生活の中で女性に無視された」と語った（101ページ参照）

★3 **国家人権委員会** 人権保護と向上を目的として2001年に設立された。委員長のほか常任委員3名、非常任委員7名で構成されており、主な機能として⑴政策提言⑵準司法的機関としての救済機能⑶教育・啓発機能がある。立法・行政・司法から独立した国家機構

の作成に参加した。ヘイト表現に関するジェレミー・ウォルドロン★1の力作を翻訳したりもしたし、研究論文を書いたりもした。

　ヘイト表現の問題に深く足を踏みいれる中で多くのことを知りえたが、社会の一市民として、わたし自身も成長していった。わたしは韓国のマジョリティだ。正規職の男性労働者であり、非障がい者であり、異性愛者だ。ヘイト表現の問題を頭で観念化することはできても、心で感じて受け入れるのは容易ではなかった。さらにわたしは、表現の自由に関する強い信念を持っており、自由主義風の議論に好感をもっている。ヘイト表現の危害についての文章を読む時よりも、「もっとたくさんの表現で切り返そう」という米国式自由主義の主張にあこがれを感じてもいた。しかしヘイト表現を研究する中で、マイノリティたちの話に耳を傾けるようになり、わたしの考えも少しずつ変わっていったのだ。

　今も忘れられない瞬間が、いくつかある。当初わたしは、同性愛者に反対するだとか批判的であるという「意見」くらいは、特に制限しなくてもよいと考えていた。しかしこのようなわたしの考えの何が問題なのか、じっくりと説明してくれるありがたい仲間がいたのだ。彼らのおかげで、「ことば」が差別の現実に出会うとき、どんな爆発力をもつのか、少しずつ理解することができた。

　人権団体で働く、性的マイノリティの当事者である友人がいる。オープンな場所でこそヘイトに立ち向かって闘う堂々とした人権活動家だが、そんな彼も人知れずとめどなく涙を流していた。アイデンティティをことごとく否定されるということがどんなことなのか、その涙の意味を間接的にではあるが経験することができた。

講演会場で出会ったある障がい者は、障がい者が犯罪をおかしたときに寄せられる「精神病者たち全員を閉じこめなければならない」というコメントを見ると、自分もつかまって殺されるのではないかという恐怖にかられ、しばらくのあいだ家の外に出られなかったと言った。わたしが講演者の立場で「韓国では、障がい者へイトはそんなにひどくないじゃないですか」と言った直後のことだった。

2014年、ソウル市がソウル市民人権憲章を制定したとき、わたしは専門委員としてその全過程に深く関わっていた。わたしは心の底から、憲章の制定が市民参与の場になることを願ったが、その場で「討論」を口実にあからさまにヘイト表現をする人たちがいた。同じ「市民」として招待された性的マイノリティたちは、無防備な状態でそのことばのすべてを聞かなければならなかった。イベントを企画した責任者の一人として、顔を上げることができなかった。その現場を目の当たりにしてからは、「表現の自由」ということばを持ち出す図々しさはなくなった。

こうやって少しずつ、わたしはヘイト表現の問題を理解していくことができた。手あたりしだいに関連文献を読みあさった。韓国語と英語で書かれたヘイト表現の文献のなかで、わたしが読んでいないものはほとんどないだろう。道を歩いていても、シャワーをあびていても、思いうかんだアイディアがあればノートにも、スマートフォンにもびっしりと書きとめた。インターネットでの論争は無益だと考えるほうだが、ヘイト表現の問題についてだけは、「キーボード戦士」を自

★1 ジェレミー・ウォルドロン Jeremy Waldron 1953年生まれ。ニュージーランド出身の法学者。ニューヨーク大学ロースクール教授で法と政治哲学の授業を担当。訳書に『立法の復権』(長谷部恭男・愛敬浩二・谷口功一訳、岩波書店、2003年)、『ヘイト・スピーチという危害』(谷澤正嗣・川岸令和訳、みすず書房、2015年)がある

任した。わたしの論理の弱みが何なのかを知るためだった。

ヘイト表現を研究する人たちは、ヘイト表現を「魂の殺人」(師岡康子[★1])、「ことばの暴力」(マツダ・マリ[★2])、「横っ面をはること」(ローレンス[★3])と比喩したりもする。この本の韓国語タイトルを『말이 칼이 될 때(ことばが刃になるとき)』としたのも、そのような理由からだ。なぜヘイト表現ということばが刃になり、暴力になり、魂を殺すことになるのか、読者のみなさんがその理由に少しでも共感してくれるなら、この本を書いた甲斐があるように思う。わたしが熾烈な経験をし悩んできたその道のりを、読者のみなさんと分かち合いたい。これが、わたしの研究計画にならなかった一般読者向けの本、すなわち若い人たちでもじゅうぶんに読めるこの本をあえて出版することになった理由でもある。

2017年12月　著者

★1　**師岡康子**　日本の弁護士。著書に『ヘイト・スピーチとは何か』(岩波新書)などがある

★2 **Mari J. Matsuda**　ハワイ大学教授、法学者。人種差別研究で知られる

★3　**Charles R. Lawrence III**　ハワイ大学教授でMari J. Matsudaとの共著に『Words That Wound Critical Race Theory, Assaultive Speech, And The First Amendment』がある

プロローグ

「女性嫌悪」は、ここ数年、韓国社会でいちばん話題になったキーワードの一つだ。女性嫌悪ということばが世間でも広く知られるようになったのは2016年の江南駅女性殺害事件以降だ。

一方、2013年から注目され始めたキーワードが、イルベ（日刊ベスト貯蔵所）というインターネットコミュニティだった。イルベは基本的に仲間ウケを狙ったサイトだが、その揶揄の対象が民主化運動勢力や女性、移民など、あらゆるマイノリティへと拡大していって問題となった。特にイルベの5・18民主化運動[★1]に対する歪曲、さげすみが政治的なイシューになるとすぐに、当時の野党（2017年から与党となった「共に民主党」）はイルベ閉鎖論など、積極的な対応策を求めた。政治圏でイルベの「表現」を法で規制しようという議論が提起され、放送通信審議委員会の行政審議、サイト閉鎖仮処分の申請、侮辱罪・名誉毀損罪の告発などの法的措置が検討された。

国会ではこれに対応して「反人倫犯罪及び民主化運動を否認する行為の処罰に関する法律案」と「ヘイト罪法案」が発議された。イルベについては刑事罰やサイト閉鎖のような制裁が、女性嫌悪については発言者の放送出演や作品の公開展示の禁止、公職者資格の剥奪の規制法案などが主に提示された。不適切で感じの悪い、さらには害悪まであるこの表現を、

★1 **5・18民主化運動** 光《クァン》州《ジュ》事件。1980年5月に韓国南西部にある光州市で起こった、民主化を求める学生や市民の蜂起と、それに対する軍部の武力鎮圧の総称。新軍部勢力の武力鎮圧によって多くの死傷者が出た。1990年代以降、被害者の名誉回復などが行われたが、発砲命令者は隠蔽されたままで真相究明と責任者処罰を要求する活動が続けられている

どうやって「規制」するのかが問題の核心だった。

問題はイルベであれ女性嫌悪であれ、それらがオフラインで「行動」するものではないという点であった。もしイルベがインターネットに掲示物をアップするだけにとどまらずテロをおこしたり、女性嫌悪「表現」を超えて女性に物理的暴力を加えたなら、問題はややこしくない。そのような行動を正当化する人はいないだろうし、現行法上、明らかに違法だからだ。しかし「表現」はちがう。表現の自由は人間の普遍的な権利であると同時に、韓国憲法が保障する重要な基本権だ。表現は人によってその害悪を感じる程度がそれぞれちがい、社会の自浄能力によってその害悪が治癒されることもある。だから国が表現に介入する際は常に慎重でなければならない。イルベや女性嫌悪が問題だという点に同意するると言っても、それが表現にとどまるかぎりは、たやすく規制のカードをきることはできないのだ。

ヘイト表現と表現の自由

2008年から2013年までの李明博《イミョンバク》政権の発足以降、ろうそくデモの鎮圧、国家の対市民訴訟の増加、名誉毀損罪・侮辱罪の乱用、インターネット行政審議、教師・公務員の時局宣言[★1]、選挙期間中のデマ拡散、ゲーム・歌謡・映画審議などの問題が、同時多発的にわきおこった。不買運動をくり広げた人々、政府の政策を批判した人たち、さらには国家の広報物に落書きをした人までもが法廷に立たなければならなかった。表現の自由が危機に陥ったのだ。

これに対応して2012年、人権・市民団体らが「表現の自由のための連帯」を結成し、翌年には「表現の自由のための政策提案報告書」を発刊した。この報告書には国家保安法[★2]、名誉毀損罪と侮辱罪、青少年保護と媒体審議、放送、インターネット、映画、公職選挙法などぜんぶで23の分野にわたって表現の自由に関する立法・政策課題が盛りこまれていた。「表現の自由」というキーワードにどれほどたくさんの問題を包括できるかを示す場面だった。

このように表現の自由が独自の議題としてあげられた一方、2013年からはネット右翼イルベの「表現」物を規制しようという声が出始めた。「表現の自由のための政策提案報告書」にはイルベがイシュー化されることを予見したかのように、「差別を理由とした『嫌悪的な表現』に対する規制」を取りあげた部分があった。全体を通して、報告書は「さらなる表現の自由」を提案していたが、この部分では表現に対する「規制」が提案されていたのだ。

わたしはたまたま何人かの人権活動家と一緒に、この部分の執筆をまかされた。表現の自由を擁護しようと参加したのに、よりによってこんなテーマをまかされるとは、はじめはあまり気乗りしなかった。しかし実際、争点を検討し討論してみると、これは実にとんでもないテーマだった。表現の自由一般論、名誉毀損・侮辱罪の問題、歴史否定罪、差別問題、憎悪犯罪、ジェノサイド、ホロコーストなど多様な争点が、この「ヘイト表現」というテーマに包括されていたのだ。掘れば掘るほど新しい争点と悩みの種が果てしなく出てきた。こうしてわたしとヘイト表現との関わりが始まったのである。

★1 **時局宣言**　大学教授や知識人、宗教家たちが政治的情勢などに大きな問題や混乱があるときに懸念を表明し、解決をうながす行為。半世紀にわたる韓国の民主化過程で生まれた集団的な政治的意思表現方式。最近になってその主体が知識人から一般人に拡大される傾向にある

★2 **国家保安法**　大韓民国の建国に際し共産主義者は体制の敵とされ、国家存立を保障するため1948年に公布施行された特別立法。軍事政権に反対する者に「アカ」「親北」の烙印を押し弾圧する法的根拠となった。日本植民地時代の治安維持法を原型に思想・良心の自由などを侵害するとして批判されるが、憲法裁判所は合憲であるとして、現在もその必要性を認めている

進歩と保守[★1]のもつれた立場

ネット右翼であるイルベと女性嫌悪の論争をへて、表現の自由を擁護する「進歩」と表現の自由の規制を主張する「保守」という二分法がしだいに崩壊していった。民主化時期には表現の自由を抑圧する国家に抗い、表現の自由を拡大しようと努力するのが進歩だったが、イルベや女性嫌悪に関しては進歩派が表現の自由を制限しようと声をあげていた。実際、進歩は表現の自由を擁護する立場に立つのが一般的だ。明白かつ現在の危険の法則、思想の自由市場論、内容規制禁止の原則などをあげて表現の自由を熱烈に擁護し、仮に非倫理的で危害のある内容があったとしても自律的解決に任せなければならないというのが進歩の立場だ。そんな進歩がイルベや女性嫌悪に対してだけは表現を規制しなければと立ち上がったのだ。

しかしイルベや女性嫌悪が具体的にどのような社会的危険をつくりだしているのか、なぜそれらが市民社会の自律的解決に任せることができないのかなどに関する論拠が提示されてはいなかった。そのような状態で反人倫罪や民主化運動否認を禁止する法案、ヘイト罪と憎悪犯罪法案も発議されたのだ。法案の内容が充実するわけがなかった。

一方いつの頃からか、保守派も「表現の自由」を口にし始めた。最近は反同性愛勢力までもが表現の自由について述べることがある。彼らは「同性愛者に批判する自由があるように、彼ら以外の人間にも自身が考える倫理・道徳的基準にしたがって同性愛者を批判する権利がある」[2]だとか、「相手が気分の悪くなることをぜんぶ保護してやるのなら、すべての表現の自由が妨げられてしまう」[3]などと言う。これらは悪いことばかりではない。もし韓国の

★1 **進歩と保守** 反共主義が強かった韓国社会において、「進歩」とは厳密な社会学の概念ではなく「左派」を示す代用語であった。また、植民地の経験と、分断国家という現実から民族主義的側面も強い。一方で「保守」は、反共主義をもとに軍事独裁の朴正熙元大統領が推し進めた経済重視政策を肯定する勢力を指す場合が多い

★2 **統合進歩党違憲政党事件** 2014年末に、左派政党である統合進歩党が憲法裁判所による「強制解散」宣告を受け、中央選挙管理委員会に政党登録を抹消された事件

★3 **イ・ソッキ内乱扇動事** 日本の最高裁に相当する韓国大法院が2015年1月、解党が命じられた統合進歩党のイ・ソッキ元国会議員に対し、二審判決と同じく懲役9年、公民権停止7年を言い渡し、判決が確定。内乱扇動罪、国家保安法違反については有罪、内乱陰謀罪については無罪

★4 **大極旗焼却事件** 2015年、「セウォル号惨事汎国民大会」で大極旗を焼却

保守が表現の自由の価値に目覚めるとしたら、実より得のほうが大きいはずだ。彼らが一貫して表現の自由を擁護するのであればだが。

しかし実情はそうではなかった。ここ数年、韓国の保守は、統合進歩党違憲政党事件[★2]、イ・ソッキ内乱扇動事件[★3]、大極旗焼却事件[★4]、従北コンサート事件[★5]、パク・ジョングンTwitter事件[★6]、コリア連帯[★7]、労働者の本[★8]など、表現の自由と関連した一連の問題において「厳罰論」を主張した。親北朝鮮左派の勢力を暴くことをたてに、新公安政局をつくりあげたりもした。彼らは自分たちの都合で表現の自由を持ち出しただけだ。

女性嫌悪との関連では構図がもう少し複雑だ。女性嫌悪の規制論議を扱った記事にはいつも、「女性のほうが今の時代の既得権者だ」、「男性差別のほうがもっと深刻だ」と意見する「自由」があるというコメントがよせられる。この論争を単純に進歩・保守の構図で理解するのは難しい。ネット右翼のイルベ問題で進歩と保守が逆転した状況が生み出されたとするならば、女性嫌悪問題では進歩・保守の構図自体が形成されていない。女性嫌悪に対する批判に反発して出てきた進歩派の週刊誌『時事IN』ボイコット騒動[4]と進歩派の左派政党である正義党脱党事態[5]などが代表的な例だ。すべての差別に反対しマイノリティの権利が守られなければならないと主張しながらも、女性嫌悪を過度に問題視することには批判的な進歩主義者もいる。表現の自由に関して、進歩と保守の立場が入れ替わりもつれているのはこのためだ。

した20代男性を国旗冒とく罪にあたるとして検挙。当時の法務部長官が「(太極旗焼却は)あってはならないことであり、徹底的に捜査するように指導、監督する」とし「犯罪に相応の処罰をするよう指揮する」と述べた

★5 **従北コンサート事件** 2015年、韓国系アメリカ人の女性がトークコンサートで北朝鮮の体制を称賛したとして国家保安法容疑で告発され、強制出国命令を受けた事件

★6 **パク・ジョングンTwitter事件** 写真家パク・ジョングンが北朝鮮の宣伝文句をリツイートした罪で国家保安法に問われた。最終的には無罪

★7 **コリア連帯** 自主統一と民主主義のための市民運動団体であるコリア連帯が国家保安法違反で押収捜査された事件。2016年大法院判決では無罪

★8 **労働者の本** インターネットサイトを運営する「労働者の本」の代表が国家保安法違反に問われた事件

危機に瀕した表現の自由

これによって表現の自由に対する伝統的な戦線は崩れた。表現の自由が進歩を象徴し、表現の自由への制限・抑制が保守を象徴する時代が終わったのだ。一方ではのぞましいことである。歴史的に表現の自由は、旧体制打破とマイノリティの抵抗という次元で登場するが、それ自体が強い普遍性をもつ議題だ。この普遍的議題に進歩と保守が合意点を探ることさえできれば歓迎すべきことだ。

しかし韓国社会の議論の現実はそれほど平坦ではない。緻密な論拠なく80年代の民主化運動を歪曲する発言を処罰しようという進歩や、便宜的に表現の自由を掲げたり捨てたりする保守の間で、表現の自由そのものの進む道を探すのは難しそうだ。さらに大きな問題は、ややもすればこの議論が表現の自由を全般的に悪化させる方向に帰結されるという点だ。「互いに表現の自由を尊重しよう」ではなく「相手側の表現を規制すべき」という声が大きくなり、このような主張が競い合うようにポピュリズム的な立法をする議会に集まると、全般的な規制拡大に帰結する可能性もある。これこそまさに最悪の状況だ。

この論争をこのまま放置することはできない。依然として表現の自由は重要な議題だ。表現の自由は権利の中の権利だと言っても過言ではない。自身の考えを言うことこそが全ての権利主張の出発点だ。不当労働と低賃金に苦しむ労働者、不当な差別に苦しむ移民、高速バスに乗る権利さえ保障されていない障がい者、まともな職場を探せずにいる若者……。彼らが自身の権利を保障されるために一番先にできることは「自身の立場を述べて権利を主張すること」である。表現の自由なくしてほかの権利の保障を期待するのが難しい理由はそこにある。

表現の自由は自身の正当な権利を求めようとする全ての人たちの問題、特にマイノリティの問題だ。だから表現の自由に関する議論が「自由の拡大」ではなく「自由の縮小」に帰結してはならないのである。仮に「非常に公平に」、進歩と保守、強者と弱者、左派と右派の表現の自由が、全て縮小する方向に流れていくとしても同じだ。互いに言いたいことを制約されるレベルが大きくなるほど、利得をえるのは強者だ。互いに言うべきことを言えない状況は「現状維持」を望む強者の立場にとっては悪いことではない。一方、マイノリティの立場は確実にその逆になる。マイノリティにはより多くの表現の自由が保障されなければならない。そうしてこそ現在の不当な現実を変えることができ、彼らの権利が保障されるからだ。

問題はヘイト表現だ

この混乱の様相を解くことができるキーワードが、まさに「ヘイト表現」である。依然として表現の自由は擁護しなければならないが、同時にヘイト表現を適切に規制することもわたしたちの課題になった。ジレンマのように見えるこの課題を解こうとするならば、ひとまず規制されなければならないヘイト表現が何なのか、正しく概念化することが必要だ。

規制すべき悪い表現があるからと言ってハンマーを手に取り振り回そうとしてはならない。ネット右翼のイルベを捕まえるためにと国家にハンマーを握らせれば、国家はそのハンマーをイルベに「だけ」振り回すとは限らない。イルベに振りおろすフリをして急に別の表現物がやられてしまう可能性もある。

たとえて言うならばヘイト表現の問題に接近するときは、ハンマーよりはメスがふさわしい。問題になる地点を正確につまみだし正確にえぐり出さねばならない。そうしてこそ表現の自由と衝突せずに問題をとりのぞき、副作用を最小限にして社会的合意に導くことができる。

ハンマーよりメスのほうが良いが、すべての病気に手術が必要ではないのと同じように、ヘイト表現も禁止して規制するだけがすべてではない。ヘイト表現をうむ根本原因をとりのぞき、社会の抵抗力をはぐくむこともまた重要な課題だ。

このためには個人的な実践も必要だし社会全体の対応と国家レベルの法的、制度的措置も必要だ。問題が複雑であるほど解決方法も簡単ではない。簡単ではないが、このややこしい問題を一つずつ分析し体系的で戦略的な解決策を提示するのがこの本の目標である。

レッスン1
ヘイト表現とは何か？ なぜ問題なのか？

「女性が好きなのに
どうして女性嫌悪なんでしょう？」

A：MBC★1は、同性愛と近親相姦を助長するドラマの放送を今すぐやめろ。[1]
B：それはヘイト表現です。同性愛に対するヘイト表現をやめてください。
A：ヘイトだなんて。わたしたちは、同性愛者の味方なんです。性的快楽にくるった一部の同性愛者たちが悔い改めて、治療をうけることを心から望んでいるだけです。
B：同性愛を治療対象だということ自体が問題なんですよ。

★1 MBC 韓国の地上波放送局

このちぐはぐなやりとりが、ヘイト表現への理解不足をよくあらわしている。ヘイト表現が広く知られるようになって数年がたつが、ヘイト表現に関する論争はあいかわらず今も続いている。いろんな理由があるだろうが、「ヘイト」という概念もそれに一役かっているようだ。実際、ヘイトに対する人々の理解は千差万別だ。とくに「女性嫌悪」が争点になると、その論争は極限に達した。女性嫌悪が女性差別反対運動の新しい概念として登場する一方で、「わたしは女性が好きなのに、どうして女性嫌悪と言われるのか」と不満を提起したり、「味噌女《テンジャンニョ》[★1]」や「キムチ女《ニョ》[★2]」のような表現にまでヘイトのレッテルをはることに、批判的な人々もいた。

何がヘイト表現なのか

辞書では、嫌悪[★3]とは、憎み嫌うことを意味する。韓国では、「葬儀場、ゴミ処理場などの嫌悪施設」、「サソリ、ヘビなど料理としては存在するが食べるのを躊躇してしまうような嫌悪食品」のように、施設や食べ物を修飾することばとして主に使われてきた。ヘイト表現は英語の「ヘイトスピーチ」を翻訳したことばだが、英語での「ヘイト」も極度の憎悪、むかつき、敵対心を意味する。ヘイトや嫌悪そのどちらもかなり強いニュアンスをもっていると言える。しかしヘイト表現と言うときの「ヘイト」は、このような日常的意味とはすこしちがう。ここでのヘイトは、ただ感情的な憎悪をこえて、ある集団に属するひとたちの固有のアイデンティティを否定したり差別し、排除しようという態度を意味する。

例を一つあげてみよう。青い服を着た友人に、「わたしは青い服が嫌い」と言うとどうだろうか。失礼になるかもしれないが、それ以上でもそれ以下でもない。ただ無視するか、「だったら自分が好きなように着ればいいのに」と言い返せば良いのだ。しかしチャドルをつけた友人に、「わたしはチャドルが嫌い」と言えはどうだろうか。チャドルはムスリム女性の服装だ。ムスリムがマイノリティとして差別されている状況で、「チャドルが嫌い」ということばがなんともないわけがない。感情的に、またはなんとなくチャドルが嫌いかもしれないが、感情がことばになる瞬間、ムスリムを差別あるいは排除する効果をうむ可能性がある。

ヘイト表現のレベルは多様だ。日本の嫌韓デモ隊が、韓国人がたくさんいる地域で、「いい韓国人も悪い韓国人もどちらも殺せ」、「ゴキブリ朝鮮人を追い出せ」[2]と叫んでいるのを、ヘイト表現と呼ぶことには何の異論もないだろう。韓国人に対するヘイトを表明しただけでなく、彼らを社会から排除し追い出そうという意図が明らかに込められているからだ。しかし、もう少しレベルの低い差別的言動もある。「女子大生は毎日スマホでかわいい服ばかり見ている。だから不幸なんだ」。[3]ある大学の教員が、教室で学生たちに言ったことばである。最近は、こういうことばも女性「嫌悪」とみなされる。仮に女子学生たちを心配して言ったことばだとしても、やはり問題だ。このことばは、その意図とは関係なく女子大生に対する否定的なイメージを膠着化させ、女性を無視したり劣等な存在と見て、差別することにつながる。そのようなことばが絶え間なくことばとして発せられるほど、そういったイメージが強くなって事実化し、これがまた差別をうむことになる。これらの表現も「殺せ」、「追い出せ」のようなことばにひけをとらず、危害を生み出すのであれば、やはりヘイ

★1 **味噌女** 된장녀　デート代は男性に払わせながら、自分はブランド品で身を固めた虚栄心の強い女性の意。2000年代半ばからは、韓国男性が考える否定的な女性像を指し、女性を見くだすことばとして広く使われている

★2 **キムチ女** 김치녀　2012年頃にネットスラングとして登場し流行語になったもので、特に韓国女性を見くだして指すときに使われる。家長になる男性が交際や結婚の経済的負担を担うべきと考える依存的な女性を揶揄した造語。韓男《ハンナム》虫《チュン》の反対語

★3 **嫌悪**　韓国でのヘイトの訳語

ト表現と呼びうるのだ。

女性嫌悪と翻訳されることばのなかには、「ミソジニー」[★1]がある。ミソジニーはヘイト表現が顕在化するそのずっと前から存在したし、歴史的にも根深いものだ。上野千鶴子の定義によれば、ミソジニーは「女を自分たち（男たち＝引用者注）と同等の性的主体とはけっして認めない、この女性の客体化・他者化、もっとあからさまに言えば女性蔑視」を意味する。[4] つまり、ミソジニーは比較的広い範囲の女性差別を意味するが、これは一般的に「女性嫌悪」と翻訳される。すでに「嫌悪＝ヘイト」または「ヘイト表現」は、差別を助長することばとしてかなり広い意味で使われているのだ。

一方、ヘイトスピーチでの「スピーチ」は、言論、発言、演説、意思表示などと翻訳されてきた。スピーチはことばや文章だけを意味するのではなく、ある象徴物による意思表示（たとえばナチスの紋章）、服装（たとえばＫＫＫ団[★2]が白い服を着てデモをすること）、パフォーマンス（たとえば十字架の焼却）などをふくむ。だとすればスピーチは、「表現」と訳すのが適切だ。これまで、「フリーダムオブスピーチ[★3]」をほぼ一貫して「表現の自由」と翻訳してきた点も参考になりうる。

差別

国際社会におけるヘイト表現についての概念定義は、以下のようになる。

概念1．差別、敵意又は暴力の扇動となる国民的、人種的又は宗教的憎悪の唱道

——市民的および政治的権利に関する国際規約（自由権規約）[5] 20条2項

概念2. 反ユダヤ主義、外国人嫌悪《ゼノフォビア》、人種的憎悪を拡散、扇動、唱道、正当化するあらゆる形態の表現、ならびにマイノリティ、移民、移民を起源とする人々に対する攻撃的民族主義、自民族中心主義★4、差別および敵対によって表現される不寛容にもとづく他の形態の憎悪

——欧州評議会閣僚会議のヘイト表現に関する勧告

概念3. ヘイトスピーチとは、宗教、民族、国籍、人種、肌の色、家系、性、その他のアイデンティティーの要素に基づき、個人や団体を軽蔑または差別的な表現で攻撃する言動、記述、振る舞いと理解される。

——ヘイトスピーチに関する国連戦略・行動計画[7]

ここで、ヘイト表現が差別と密接に関わっているということがすぐにわかるだろう。自由権規約は、差別、敵意、暴力などを、欧州評議会勧告は民族主義、自民族中心主義、差別、敵対などを並べてヘイト表現の概念要素として使用している。ヘイトスピーチに関する国連戦略・行動計画においても、ヘイト表現が差別的な表現として、個人や集団を攻撃するという点に焦点を合わせている。つまり、ヘイト表現は、マイノリティを社会から排除し差別する効果をうむ。性的マイノリティという理由によって昇進試験で落とすことも差別だが、会社で性的マイノリティに対するヘイト表現を行うこともまた、差別と同じに

★1 **ミソジニー** misogyny

★2 **KKK団** クー・クラックス・クラン(Ku Klux Klan)、略称「KKK」。アメリカで白人至上主義を掲げ、黒人に対する暴力行為を組織的に起こしている集団

★3 **フリーダムオブスピーチ** freedom of speech

★4 **自民族中心主義** ethnocentrism

なる。ヘイト表現自体が性的マイノリティに精神的苦痛をあたえるだけでなく、差別に直結する「橋わたし」の役割をするためだ。したがって表現と行為は二分法的に分けられず、表現が「社会現実を寄せ集めて」差別を作り上げるということもあるのだ。[8]

マイノリティ

概念1と**概念2**はともに、ヘイト表現が「マイノリティ」を対象とする点が明確だ。マイノリティは歴史的に不平等な待遇を受けてきたし、現在も社会で不利益を受けている集団として人種、性別、障がい、性的指向など固有の特性をもっている集団またはその集団に属する個人を意味する。[9] **概念1**で国民、人種、宗教という中立的な表現が使われているが、この規定の趣旨は少数民族、少数人種、少数宗教をヘイト表現から保護するものであり、**概念2**では直接的にマイノリティに対する憎悪の拡散、唱道などをヘイト表現と定義している。

先に例をあげた「ゴキブリ朝鮮人を追い出せ」ということばが、韓国の一大学に壁新聞として貼られたとしたら、どうだろうか。あまり気分の良いことばではないが、ハプニングにおわる可能性が高い。韓国人に大きな苦痛や恐れを与えるものでもなく、さらに大きな事態に飛び火する可能性もあまりない。しかし同じ内容の壁新聞が日本のある大学に貼り出されたとしたら、話は完全に別だ。

日本ではここ数年、反韓感情が高まり、嫌韓デモ隊が街を闊歩している。壁新聞はまったく異なる脈絡に置かれたものであり、したがってまったく別の効果をうみだす。その大学に通っている韓国人学生たちは極度の恐怖と不安を感じるだろう。匿名で貼られていたとしても、誰かが自分のことをそんなふうに考えていると思うと、ぞっとするだろう。日本人の友だちがすみっこでひそひそ話をしていれば、自分の話をしているようで気になり、見知らぬ誰かに話しかけるときも、自身が韓国人であることがばれるのではと、発音をいちいち気をつけなければならない。そうしているうちに、韓国人学生が理由なく暴行されたといううわさが耳に入れば、その大学にそれ以上通うことが難しくなるかもしれない。

このように、同じ壁新聞でも貼られた場所によって、その意味がかわるのは当然だ。韓国で韓国人はマイノリティではないが、日本で韓国人はマイノリティなのだから。欧州評議会のヘイト表現概念で言及される反ユダヤ主義、外国人嫌悪であるゼノフォビア、民族主義などは、マイノリティに対する差別がイデオロギー化されており、長い間、伝承されてきたことを示している。クリスチャン・ドラキャンパーニュ★1の『人種差別の歴史』（未訳）という本は、根拠がないような人種差別意識が通念になり、思想となる過程をよくあらわしている。[10] 人は、生まれながらマイノリティに対する差別意識をもっているわけではない。ほとんどの人が自身の属する共同体の中で自然と学習するのだ。「繁殖方式をみれば女性は生まれつき従属した存在だ」（アリストテレス）、「カゴ★2はハンセン病の後裔だからハンセン病だ」、「アーリア人が人種的に標準なのだ」（ゴビノーとゴルトン）といったかたちの、もっともらしい説明がくわえられると、それはふとした瞬間、事実化してしまう。たいした根拠がなくても、何度も聞いていると、事実として受け入れてしまうようになるのだ。実際、古代ギリシャ・ローマ時代から現代まで、たくさんのイデオロギーが人種差別を正当化し、ここに宗教、文化、科学、思想（えせ合理主義、ロマン主義的ゲルマン主義）などの理論的資源がず

★1 **クリスチャン・ドラキャンパーニュ** Christian Delacampagne アメリカのジョン・ホプキンス大学のフランス人哲学教授。２００７年に死去

★2 **カゴ** Cagots フランスとスペインの国境周辺に住まう被差別民。起源に諸説あるがいずれもいわれのない差別である。地域によって「アゴテ」などとも称される

っと供給され続け、さらに拡大再生産されてきた。そのようなかたちで長い間、人種差別は通念化し、イデオロギー化して堅固な「思想的背景」となったのだ。人種マイノリティに向かって口にされたヘイトスピーチは、このような差別的思想と理念を強化するしくみとして作動する。

ヘイト表現の対象は、マイノリティ集団のこともあり、マイノリティ集団の個別構成員のこともある。ここでのマイノリティ[★1]またはマイノリティ集団[★2]とは、実質的な政治・社会的権力が劣勢でありながら共通のアイデンティティをもった集団を意味する。各国の差別禁止法は性、人種、民族、性的指向、障がいなどの属性を理由とした差別を禁止しているが、このような属性をもった個人や集団がマイノリティに当たる。つまり女性、少数人種、少数民族、同性愛者、障がい者などがマイノリティに該当している。

同じ趣旨で、「はじめに」で触れた国家人権委員会の研究報告書は、ヘイト表現を「ある個人、集団に対して彼らが社会的マイノリティとしての属性をもっているという理由で、彼らを差別・ヘイトしたり、差別、敵意、暴力を扇動する表現」だと規定している。[11] このようにヘイト表現の対象になった集団を「標的集団[★3]」と呼ぶこともある。

ヘイト表現は彼らマイノリティの誰かを個人的に名指ししても、あるいはマイノリティ一般を指し示すことによっても成立する。つまり特定のAに向かって「自分の国に帰れ」と言っても、ヘイトスピーチは成立し、特定人種を指して、「有色人種は自分たちの国に帰れ」と言っても、ヘイトスピーチになりうる。だが、誰かを名指しした場合には、既存の名誉毀損罪と侮辱罪で処罰されるが、個人や団体が特定されない場合には、法的空白が生じる。ヘイト表現禁止法[★4]はまさにここに介入する。個人が特定されなかったとしても、マイノリティ集団を対象に発せられたヘイト表現を禁止し、処罰するのだ。だからヘイト表現を禁止する法は、集団名誉毀損罪、集団侮辱罪の性格をもっているものとみなされたりもする。

表現

当然のことだが、偏見やヘイトが心の中にあるだけでは規制対象にはならない。その表現をアウトプットするときのみ、問題となる。ヘイトをアウトプットするパターンは多様だ。ことばで表すことも文章で書くこともできるし、象徴として表示することもできる。放送することも出版することもでき、オンラインコミュニティーに文章を載せることもできる。表現パターンもいろいろだ。単純に否定的な意見をあらわすことから、マイノリティを侮辱、からかい、威嚇することや、聴衆を相手にマイノリティに対する差別、敵対、暴力を正当化したりまたは扇動、唱道することまで、多様なパターンがある。

いろんな表現パターンのうち、もっとも危害が大きいと見なされてきたのが「扇動[★5]」だ。[12] 大衆に差別と敵対を扇動し、具体的な行動が触発される可能性が濃くなると、事前介入が不可避になる。自由権規約は事実上ヘイトの扇動、唱道を禁止対象に規定しており、各国のヘイト表現禁止法も、ほとんどこの扇動型ヘイト表現を主な規制対象としている。いっぽう、欧州評議会の勧告のように、扇動、唱道のみならず拡散と正当化などもヘイト表現の概念にふくめ、ヘイト表現を広範囲に定義する場合もある。

整理すると、ヘイト表現とは「マイノリティに対する偏見、または差別を拡散させたり、助長する行為、あるいは個人、集団に対して彼らがマイノリティとしての属性をもってい

★1 **マイノリティ** minorities

★2 **マイノリティ集団** minority group

★3 **標的集団** target group

★4 **ヘイト表現禁止法** hate speech law

★5 **扇動** incitement

るという理由で蔑視・侮辱・威嚇したり、彼らに対する差別、敵意、暴力を扇動する表現」と、その概念を定義することができる。[13]

少し違う方法でヘイト表現を定義する方法もある。国際基準やいくつかの国々のヘイト・差別関連の規定は、ヘイト、差別、憎悪犯罪などの概念を定義するときに、マイノリティの代わりに「差別禁止事由」または「保護される特性」[★1]を活用する。[14] 前述したように自由権規約では「国民的、人種的又は宗教的憎悪の唱道」をヘイト表現と見なして規定し、ヘイトスピーチに関する国連戦略・行動計画では「宗教、民族、国籍、人種、肌の色、家系、性、その他のアイデンティティーの要素に基づき」差別的な表現を使うことをヘイト表現の概念だと定義している。

韓国の国家人権委員会が2019年に発表した「ヘイト表現レポート」では、ヘイト表現の概念を「性別、障がい、宗教、年齢、出身地域、人種、性的指向などを理由にある個人／集団に対し、(1)侮辱、見くだし、蔑視、威嚇あるいは(2)差別／暴力の宣伝と扇動をすることで差別を正当化／助長／強化する効果を持つ表現[15]」と定義している。ここでは性別、障がい、宗教、年齢、出身地域、人種、性的指向などを差別禁止事由あるいは保護される特性と呼んでいるが、この事由・特性に区分され、差別をされたり、排除された脆弱集団がすなわちマイノリティ集団だ。この事由・特性のリストは、歴史的、社会的な脈略によって変わるため、「など」または「その他の事由で」のような文言を加えて羅列する場合が多い。

このようにヘイト表現の概念にマイノリティをその対象として明示することもでき、特定な事由・特性を理由にした差別発言とも規定できるが、マイノリティ集団が具体的にどういう人々なのか、特定の事由・特性を理由にした差別発言がどんな場合に成立するのかは社会的脈絡によって流動的だ。[16]

ヘイト表現という用語をつかう理由

このようにヘイト表現を定義すると、これは多様なレベルのヘイト表現を包括するものであり、それがヘイト表現の概念を「広義」に使用する理由となる。ここでいろいろなパターンのヘイト表現が、互いに関係している点に注目してみよう。

女性を劣等な存在と見るならば、女性が平等な待遇をうけることが不当に見えるはずだ。不当だと考えると腹も立ち、なにかきっかけがあればその怒りが暴力を呼び起こすこともある。劣等だと思えば、相手の意思を尊重するはずもなく、ひいては女性を性的対象として見ず、男性の決定にしたがわなければならない従属的な存在と見なすことになる。このような考えが、かつての恋人をしつこく追いかけ脅したり、拒否の意思を無視し、性暴力を加えることにつながったりもする。さらには、見ず知らずの女性を理由なくなぐったり、組織を結成して女性たちに無差別に暴力を行使することも生じうる。

このように偏見と差別の心が表出し、暴力にまでつながるのは、全てのマイノリティ差別・ヘイトにおいてほぼ共通してあらわれる現象だ。極右サイトであると同時に女性嫌悪サイトであるイルベの掲示板には、女性に対する偏見、無視、蔑視、見くだし、からかいから、女性に対する露骨な排除と差別、暴力にいたるまで多様なレベルのコメントがあふれている。味噌女の身上さらし、女性に対するアファーマティブアクション★2への怒り、そして「薬を飲ませて性暴行する方法」をネット上にあげることが、全て同じ脈絡で起こりうる。そ

★1 保護される特性
protected characteristics

★2 アファーマティブアクション affirmative action　マイノリティに対する積極的格差是正措置のこと。ここでは、女性の進学や就職、昇進について必要な優遇措置をとる政策を指す

のような文章をアップする人たちの頭の中には、多様なレベルの差別、ヘイト、排除、暴力がひとつの脈絡の中で入り乱れているはずだ。

このような低レベルの差別的表現に、ヘイト表現という強めのことばをあてることには拒否感があるかもしれない。しかしマイノリティの立場から見るとどうだろうか。「味噌女」ということばを、「女性嫌悪」とみなすことについて、女性たちはそれほど拒否感を覚えない場合が多い。むしろ女性嫌悪と呼ぶことが、現実の問題を適切にあらわしているという。「味噌女」ということばが、女性差別や暴力につながりうるということを、直感的に理解するからだ。だから女性たちは、「味噌女」や「キムチ女」といったくだらないことばにも敏感に反応せざるをえない。女性を差別してきた過去があり、その差別が現存し、これからも続くことが自明な状況の中で、女性たちはどんな些細な差別も見過ごすことができないのだ。

だとすれば、この多様なレベルの全ての差別、ヘイト、排除、暴力の表現を、ひとつの用語に包括して呼ぶのが適当ではないだろうか。ヘイト表現の問題の深刻さを喚起させるならば、「ヘイト」のような強いニュアンスのことばが的確なはずだ。激しい差別に苦しめられているマイノリティであるほど、多様なレベルの差別的なことばを、ヘイトとして受け入れることに、ためらいがない。

実際に韓国で、市民としての権利を法的に享受できていない同性愛者たちが、「同性愛に反対する」ということばを聞いたとき、ただの意見表明ではなく「これは同性愛嫌悪だ」と反応するのは、当然のことだ。第三者の立場からは多少大げさに見えるかもしれないが、差別されるマイノリティの立場からは自然に受け入れられるという事実を見過ごしてはならない。だとすればマジョリティが好むことばを選ぶのか、あるいはマイノリティの立場に立つことばが選択されなければならないのか。

マジョリティの日常的語感に合う用語を選ぶのが、問題をわかりやすく理解してもらうには有効かもしれない。しかしマジョリティの立場で拒否感がない用語を使うからといって、ヘイト表現の深刻さについて問題意識が高まるかは疑問だ。「差別表現」、「蔑視表現」のように緩和された用語でイシュー化してしまうと、「どうしてそれがヘイトなのか？」と問いただす人たちが、すんなりと問題意識を受け入れられるのか、ということだ。かえって「事実を言ったのに、なぜそれが差別なのか」、「配慮して言ったことばなのに、どうして蔑視なのか」などなど、また別のパターンで拒否感をあらわすだろう。

したがってヘイト表現という過激な用語は、意図的に選択された反差別運動の戦略として理解されなければならない。味噌女がなぜヘイト表現なのかと聞いてくる人たちに、味噌女もヘイト表現でありうることを説得する過程自体が、社会運動ということである。味噌女の身上暴きとデートDV、性暴力が一つにつながっていると主張することは、重要な問題提起だ。多様なレベルの差別、敵対、排除、暴力のことばを「ヘイト表現」という名前でひとくくりにし、この問題が一つにつながることを、意図的にさらけ出さなければならない。包括的で戦略的な抵抗のために、「ヘイト表現」という戦略拠点をつくろうということだ。[17]

ただし、ここで提起する問題はヘイト表現の法的争点とは区別する必要がある。ヘイト表現の範囲を広くとらえようというのは、社会的にそのように命名しようというもので、法律用語として規定しようというのではない。後半でくわしく述べるが、法、とくに刑法で規律可能なヘイト表現の範囲はよりいっそう厳密でなければならない。

すでに韓国社会では、ヘイトまたはヘイト表現は多様なレベルの差別的なことばを包括する意味として受け入れられている。広範囲な女性差別を意味するミソジニーを女性嫌悪と翻訳し[18]、同性愛嫌悪であるホモフォビアなど同性愛に対する差別と排除[19]、移民や障がい者、少数人種への差別、排除、暴力の形態をヘイトまたはヘイト表現と称することも、少しずつ一般化しつつある。[20]学会で、はじめてヘイト表現が議論されたときには、その訳語として「ヘイト表現」だけでなく「ヘイト言論」、「憎悪言論」、「憎悪演説」、「憎悪的表現」、「(攻撃的)ヘイト発言」、「憎悪表現行為」、「敵意的表現行為」などが挙がったが、ヘイトスピーチについての議論が本格化した2010年代半ば以降は、ヘイト表現またはヘイト発言と翻訳することが増えていった。[21]

つまりヘイトという単語は多様なレベルと次元において、差別、敵対、排除、蔑視、侮辱のことばや振る舞いを総称するものとして広く使われており、そこには戦略的な意味も含まれているはずだ。[22]依然としてヘイト表現という用語にどこか拒絶感があるとすれば、ヘイト表現という用語を使わなければならない理由を討論すること自体が有意義な過程になると信じたい。

レッスン 2
マジョリティへのヘイト表現もある？

「男性嫌悪とケドクもヘイト表現なんですか？」

「まず筆者は、同性愛にとても批判的だ」。当時セヌリ党[★1]の非常対策委員として大活躍した国会議員イ・ジュンソク氏は、同性愛についてのコラムをこのように書き始めている。[1] コラムでは同性愛に対する拒否感にはなんの根拠もないと述べつつ、同性愛に対してオープンな態度でのぞもうという主張で結んでいる。全体的にみると、かなり「合理的」保守主義者の様相を呈するコラムだと言える。わたしはSNSに、「保守がこのような立場なら、歓迎だ」というコメントを残した。しかし何人かの人権活動家が、わたしに抗議のコメント

★1 **セヌリ党** 1981年に全斗煥がつくった民主正義党を母体とする韓国の保守政党。2012年にハンナラ党から改名した。その後、変遷をへて2021年1月現在は「国民の力」を名乗る

を送ってきた。かれらは、同性愛に批判的だというコラムを、どうして肯定的に評価することができるのかと言うのだ。彼らの抗議が理解できそうでありながらも、正直すこしオーバーではないかと思った。イ・ジュンソク氏レベルなら「反差別戦線」の味方につけなければならない人物ではないのか。

解けない疑問を解消するために、性的マイノリティの当事者や人権活動家たちと、この問題について何度も語り合った。わたしが十分に理解できていなかったのは、そのコラムが置かれている現在の韓国社会の脈絡だった。そのときはまだ、わたしはヘイト表現が社会で具体的にどのように作用するのかについて、多少安易な考えをもっていたのだ。差別が現存するかぎり、どんなに些細な表現でも敏感に受け取らざるをえないというのが、彼らの説明だった。

つまり、「同性愛に反対」ということばが、実際に社会でどのように作用するかについての理解が、多少ちがったのである。同性愛差別がゆるぎなくある韓国社会において「同性愛反対」は、決して些細な表現ではありえない。実際にマイノリティ当事者と第三者の立場のちがいは、社会的脈絡に対する理解のずれのせいで生じる場合がほとんどだ。たとえば韓国で男女が平等だと主張する人たちは、たいてい女性嫌悪を深刻に受け止めていない。一方現実が、不平等だと感じる人ほど、女性嫌悪の問題は深刻な社会問題だとみなす。これは韓国社会の脈絡に対する理解が異なるためだ。

差別が再生産される仕組み

つまりマイノリティが身をおく不平等な社会的脈絡があるから、ヘイト表現はその表現のレベルと関係なく、差別を助長する可能性があるという点に目を向けなければならない。[2]多くのヘイト表現が低レベルのものだからといって、ただ放っておけば既成事実化してしまう。たとえば、会社でキムチ女《ニョ》、中年女性は運転できないという認識から始まった蔑称のキム女史《ヨサ》★1、家父長的な主流男性社会が好む女性像に合った言動をする女性を指す概念《ケニョム》女《ニョ》★2のような差別的なことばが、食事やお酒の席でジョークのように横行するとき、これをいちいち突き詰めて抵抗するのはかんたんではない。問題提起をしたあかつきには、「敏感すぎる」、「雰囲気がこわれる」、「冗談なのに、なに騒いでいるんだよ？」などの反撃をくらう可能性が高い。このような状況で、マイノリティたちは「沈黙」を選択しがちだ。笑うふりをしてスルーしたり、さりげなく話題をかえたりもする。

このときの沈黙は、自発的というよりかは強要されたものだ。社会生活で生き残るための不可避な選択なのだ。しかしこのような沈黙が続くと、だんだんとそのような差別的表現が正当化され膠着化する。事実として定着してしまうのだ。

「東南アジア出身者たちはなまけものだ」、「中国朝鮮族は普段からナイフをもち歩いていて、口論になるとふりまわすのが日常茶飯事だ」などのように、特定のマイノリティ集団に対するマイナスイメージを表現したり、女性は「性格が控えめじゃないとだめだ」、「目立つな」、「家で子どもの面倒でもみておけ」のような、マイノリティを一定の枠にかこって、限界をつくるパターンもある。このようなことばが繰り返されると、いつしか、事実として固定化されてしまう。虚偽が事実に化け、また別の差別を生むことになるのだ。

区分のための呼称じたいが、差別を引きおこす場合もある。たとえば、教師が学生をよ

★1 **キム女史** 김 여사

★2 **概念女** 개념녀 味噌女（26ページ参照）の対義語。男性から見て迷惑をかけない概念のある女性のこと

ぶとき、「青い服を着た学生」と言えばなんの問題もないはずだ。しかし「女子学生」または「メガネをかけた学生」と呼んだとしたら、どうだろうか。「車いすに乗った学生」、「ヒジャブを着用した学生」、「多文化《タムナ》★1」と呼んだとしたら、どうだろうか。誰かを指して呼ぶために、区分が不可避な場合はあるが、差別されているマイノリティを属性で呼ぶときは、細心の注意が必要だ。脈絡によってその区分自体が、劣等で非正常的で非主流的なものとみなす効果をうむ可能性もあるからだ。もちろんこれもまた、脈絡によってちがってくる。たとえば多文化ということばが「多文化政策」、「多文化主義」、「多文化学会」のようなかたちで使われるときは、概念、目的、趣旨を説明する用語だが、多文化の背景をもったマイノリティ学生を「多文化」と呼ぶとすれば、その学生を差別し排除する効果をうむ可能性があるということだ。

不快感や侮辱されたという気持ちを誘発する罵詈雑言によって、人間の尊厳性を損ない、精神的な傷を負わせる場合もある。日本の嫌韓デモ隊がさけんだ「キムチのにおいがする！」、「朝鮮人はウンコでも食べろ！」、「ゴキブリ朝鮮人を追い出せ！」などのスローガンが代表的だ。特定の人種に、においがするという侮辱的なことばをなげたり、東洋人を猿になぞらえるのもこの類型にあたる。これは、後半部分で詳しく掘りさげるヘイト表現の類型のうち、侮辱型ヘイト表現に該当する。このような表現はそれ自体がマイノリティを苦しめるものだが、マイノリティ集団のマイナスイメージを固定化させるなど、区別によって差別を引き起こすこともある。

マイノリティのアイデンティティを否定するかたちの、差別的ヘイト表現もある。同性愛者を病気とみなすだとか、移民者に「自分の国に帰れ」というのが代表的だ。彼らのアイデンティティを否定し、基本的な権利をもった主体として認めないという意志を表明することによって、差別を助長しているのだ。目についてはならない存在とみなす「非可視化」といった方法もある。「精神病者たちは家にいろ」のようなことばが代表的だ。これはときに、一見理解がありそうな倫理的な態度に偽装される。「わたしの目につかなければ大丈夫」、「クィアフェスティバル★2って、する必要ある？」などのことばは、一見、他人の生き方を尊重する立場のように見える。しかし他人の目につかすに生きることが、平等な人間として尊重される生き方と言えるだろうか。嫌韓デモ隊はこのように叫ぶ。「日本で暮らせるようにしてやってるじゃないか！　おまえらは隅っこにとじこもってたらいいんだよ！」。[3] 片隅にとじこめる生き方を強要しながら、生活できるようにしてやったというのでは、平等な待遇をしたとは言えないはずだ。

男性嫌悪とケドクもヘイト表現なのか

ヘイト表現について講演すると、「男性嫌悪も問題ではないか」、「ケドク★3もヘイト表現ではないのか」という質問をときどき受ける。ポイントは、男性嫌悪やケドクという表現がマイノリティ嫌悪の場合のように差別を再生産しているかどうかだ。その点でみると、男性や韓国では約三割と多数派のキリスト教信者のようなマジョリティに対しては、ヘイト表現は成立しにくい。マイノリティのように差別されてきた「過去」と、差別されている「現在」と、差別される可能性がある「未来」という脈絡がないからだ。

実際にマジョリティを対象にするヘイト表現には、たいていの場合、マイノリティを対

★1 **多文化** 다문화　一般的には国際結婚による家族形態をさすが、ここでの「多文《タム》化《ナ》」とは韓国人男性と外国人（主に東南アジア）女性との結婚による多文化家族を見くだす呼び方

★2 **クィアフェスティバル** Queer Festival　韓国国内の性的マイノリティの団体のほか、韓国駐在の大使館、リベラルプロテスタントや仏教などの宗教団体などがブースを出展するフェスティバル。独立人権擁護機関である国家人権委員会が参加したことも注目される

★3 **ケドク** 개독　犬＋キリスト教。韓国では人を見くだすときに犬《ケ》ということばを多用する。キリスト教（韓国語でキドク教）信者を悪く言う表現

象にしたヘイト表現のような効果は発生しない。

「男子学生たちは毎日スマートフォンでスポーツカーを見ている。だから不幸なんだ」と言ったり、非障がい者に、「障がいがない人たちは外に出ないで家に閉じこもってろ」と言うからといって、それが特段、男性や非障がい者の脅威になったり、差別を助長することはないだろう。米国で白人に「図体だけでかくて愚かなシロクマみたいな奴ら」と叫んでみたところで、白人の精神的苦痛を引き起こしたり「白人＝愚かなシロクマ」というマイナスイメージを作り上げ、白人差別を助長する可能性もうすい。外国人労働者が、韓国人社長に、「韓国人は、社長みたいに、みんななまけ者のようですね」と言ったからといって、韓国人を差別し排除する効果をうむことはない。異性愛者が、「異性を愛することはあなたの自由だけど、わたしの目にはつかないで」ということばを聞いたからといって、異性愛者の愛が委縮することはないはずだ。このような表現が好ましくないと言えるとしても、それは「ヘイト表現」として問題化するのは難しい。一方、同じ表現がマイノリティに向かうときは、社会的効果が完全にかわってくる。表現自体が差別を助長し、傷をあたえ、排除と孤立をうむ可能性がある。だからヘイト表現は「マイノリティに対する差別」なのだ。

わたしも男性として男性を一般化して非難する発言をきくと、気分はさして良くはない。しかし男性に対する差別的、侮辱的表現が横行するからといって、わたしが差別と性暴力の被害者になることを心配することはない。ただちょっと、やりきれないだけだ。しかし女性嫌悪は、女性を劣等な存在として差別することを超えて、日常的な恐怖を引きおこすこともある。女性を対象化し、従属化する男性支配文化では、女性を暴力の対象とみなしたりもする。江南《カンナム》駅女性殺害事件が発生したときの女性たちの怒り、不安、恐怖、そして抵抗のあがきは、女性に対する日常的暴力がどれだけ根深いかを見せつけた。しかし男性嫌悪は、このような恐怖と不安にはつながらない。[4] 実際に、雑誌『時事IN』とビッグデータ解析会社が、コミュニティサイトを分析した結果、女性嫌悪をうけた女性たちの感情的反応は、「恐怖」に帰結する反面、男性嫌悪をされたと主張する側の感情には恐怖がないという結論がでた。[5] 男性嫌悪と女性嫌悪が、社会で作動するしくみが同じだと見ることはできず、男性嫌悪[6]を女性嫌悪とひとくくりにして、「どちらも悪い」と同一視することはできない。

このあたりで、ミラーリング[7]はやり方としてちょっと違うのでは？　という疑問を提起する読者もいるだろう。ミラーリングはヘイトに対してヘイトで返すという点で、一見くびを傾げさせるかもしれない運動形態だ。自身は女性を差別したりヘイトしないと考える男性ならば、なおさら拒否感をもつ可能性もある。しかし先立って説明したとおり、男性嫌悪と女性嫌悪を同一の物差しで評価することはできない。社会への影響と危険を招く度合いがまったくちがうからだ。

それはキリスト教徒を見くだす「ケドク」も同じだ。ケドクということばが広く使われると言っても、一般的にヘイト表現が惹起する危害がおこる可能性はほとんどないが、ムスリムを見くだす表現はヘイト表現になりうる。これはキリスト教とイスラム教がおかれている韓国の社会的脈絡がちがうからだ。ムスリムが日常的な偏見、ヘイト、差別にさらされている社会で、ムスリムへのヘイト表現を冗談のようにうまくあしらうことはできない。ヘイト表現が、かれらの社会的ポジションを実際に脅かすことになりうるからだ。出勤するときにチャドルをまいて出ていこうか、悩む。外で少しでも妙な視線を感じれば排除と差別の視線なのではないかと恐れる。会社のあちこちでひそひそ話をされる姿を目撃すると、もしかして自分を中傷しているのではないかと心配になる。お祈りに出かけるときも、ムスリムの休日に合わせ休みを申請することも、自身を検閲することになる。ムスリムへのヘイト表現が横行するインターネットサイトを見れば、チャドルをまいて出かけたら殴られるかもしれないという思いさえ抱いてしまう。

一方、ケドクということばが蔓延しているからといって、キリスト教信者たちがそのような恐怖にふるえるということはない。インターネット掲示板で、ケドクということばを目撃したからといって、キリスト教信者が十字架のペンダントをおいて出かけなければと考えたり、会社で自身がキリスト教であることが発覚するのではと戦々恐々とすることはないだろう。わたしもクリスチャンとしてケドクという表現は気持ちの良いものではない。不適切な表現だと思う。だから個人的にはときどき、「ケドクということが、なにか問題解決につながるでしょうか?」と尋ねたりもする。しかし、ケドクにはヘイト表現がもたらす否定的な効果があるとは言い難く、したがってケドクをヘイト表現とみなすには無理があるという事実にかわりはない。

表現が引きおこす効果に注目すべきだ

だとすれば、男性嫌悪やケドクはどんな状況であってもヘイト表現にはならないのか。そうではない。社会的脈絡は、相対的で変わりうるものだ。実際に、一般的なヘイト表現禁止法や憎悪犯罪法《ヘイトクライム》は条文上、「男性が女性をヘイトする行為」、「白人が黒人に憎悪犯罪した行為」と規定せず、「性別を理由にヘイトする行為」、「人種を理由に憎悪犯罪をした行為」と規定する。したがって、女性が男性にするヘイト表現や、黒人が白人にする憎悪犯罪もその成立可能性を排除するものではないと解釈される。ほかのマジョリティに対するヘイト表現や憎悪犯罪も同じだ。

ヨーロッパ諸国のヘイト表現禁止法や憎悪犯罪法は、マイノリティの差別問題を解決するために制定されたものだが、権力関係が逆転した状況で逆に適用される可能性も残っている。ずっと以前からのイシューであるセクシュアルハラスメント(以下セクハラ)がよい例だ。1970年代後半、米国のフェミニスト、キャサリン・マッキノン★1がセクハラ問題を提起したとき、そのセクハラは「女性に対する差別」問題であった。「セクハラは、女性を従属化し差別する意図や効果をもったもので、それ自体が性差別」というマッキノンのするどい分析が説得力をもち、全世界的に数多くのセクハラ法★2が制定された。しかしこんにちセクハラは、「女性被害者—男性加害者」の構図でのみ発生するのではない。[8] つまりセクハラは、マイノリティである女性の差別問題として提起された概念ではあるが、今は「性的言動」によって人格権を侵害する行為として、ある脈絡では男性もその被害者になりうるのだ。

実際に特定地域や共同体単位で、男性たちやキリスト教信者がマイノリティとして抑圧されているならば、男性嫌悪やケドクは、残酷なヘイト表現になりうる。たとえば、女性が支配的な地位を占めている会社内で、男性が差別されたり、ヘイト表現によって苦痛をうけることがある。非キリスト教信者が多数を占める学校で、キリスト教信者をひやかして嫌がらせをし差別する事態も起こりうる。ムスリムがマジョリティを占める国でもケドクがヘイト表現になりうるだろう。キリスト教が弾圧されていた開化期の朝鮮において

★1 **キャサリン・マッキノン** Catharine A. MacKinnon

★2 **セクハラ法** 韓国では国家人権委員会法と男女雇用平等法にその規定がある

ケドクということばは、差別と排除をひきおこす深刻なヘイト表現であったはずだ。そのような意味で、男性嫌悪やケドクがヘイト表現になることは、「不可能だ」というよりかは、現時点の韓国社会では「難しい」と表現するのが適切だ。遠い未来、男性差別問題が深刻化し、キリスト教が弾圧される少数宗教になるとしたら、男性嫌悪とケドクはあくどいヘイト表現になりうるだろう。そのような状況になるとすれば、わたしたちは男性嫌悪とケドクをヘイト表現に規定し、断固として向きあい、闘わなければならない。しかし少なくとも「現在」「韓国社会」の脈絡で、女性嫌悪と男性嫌悪、イスラム嫌悪とキリスト教嫌悪を同一線上において、「あれもこれもぜんぶ悪い」ということはできないのだ。

沈黙と無視が対案であることはありえない

数年前から、公職選挙でも同性愛問題がイシューになった。今も韓国の政治家たちの多くは「同性愛に反対するが、同性愛者が差別されてはならない」という語法を使いがちだ。人間のひとつのアイデンティティについてあげつらうこと自体が理屈に合わないが、このような語法が社会的に通用する状況について、いまいちど考えてみよう。

会社の飲み会の席。「わたしは同性愛者がほんとに嫌なんです。だからって、うちの会社にそんな人がいるからって差別されなければいけないっていう話ではないんだけど……」。べつの社員たちが相槌をうつ。「そうそう。正直、鳥肌がたつよ。だからって差別したらダメなんだけど」。横には同性愛者の社員がいる。「わたしに鳥肌がたって嫌なんですか？でも差別はしないからって、感謝しないといけないんですか？」。教師が学生たちにこんなことばをかける。「同性愛に反対しなければいけません。彼らを差別してはいけませんが」。ある学生がするどい質問をなげかける。「わたしの友だちが同性愛者みたいなんですが、同性愛に反対すると言ってあげても大丈夫ですか？」。こうして、すでにもう「差別してはならない」というお題目に同意すれば、「同性愛反対」、「同性愛に批判的」ということばを、だれでも自由に話せる世の中になったのだ。

このような対話自体が問題にならないのなら、「同性愛に批判的だ」という内容のコラムが新聞に掲載されてもかまわないだろう。しかし、こういったことばが差別を助長しマイノリティたちの生活を脅かしているとしたら、この重い現実を無視することができるだろうか。

このようなことばが規制されることなく言語化される社会において、「何人も差別されず尊重される」ということができるだろうか。聞き手に対して、どうしてそんなに敏感に反応するのかと難くせをつけるのではなく、ことばを発する人が社会的現実を考慮して発言するのが、倫理的にただしくないだろうか。それが公的人物の公的発言であるならば、なおさらそうだ。公人は、自身の発言が社会にどのような影響をおよぼすのか、注意深く考慮して慎重に発言する責任があるからだ。

社会にマイノリティ差別の脈絡があるかぎり、表現のレベルとは関係なく、ヘイト表現は、差別を再生産して強固なものにする可能性がある。だからわたしたちは、ヘイト表現の概念を広く設定する必要があり、同時に具体的な脈絡にしたがってヘイト表現の問題を提起しなければならない。だからといって、ヘイト表現とみなされうることばを、全て刑事処罰しようという話ではない。いま例に挙げたもののは、そのほとんどが法の物差しをつきつける問題ではない。しかしわたしたちは、差別的なことばに対し「抗議」することができ、また抗議しなければならない。だから民主主義の公論の場で、どんなことばが話されるべきかに対する社会的合意を導きださなければならない。これ以上、ヘイト表現への対案が沈黙と無視であってはならないのだ。

「いま現在、この場所」 **韓国のヘイト論争1**

ママ虫とノーキッズゾーン

「京郷新聞」創刊71周年企画シリーズ「ヘイトを超えて」ではヘイト対象の単語から連想されるイメージを紹介した。このとき選ばれた単語は「キムチ女《ニョ》」、「ママ虫」★1、「移民」、「同性愛」だった。特にママ虫という単語は、いつからかヘイトとヘイト表現に関する問題を扱うときに必ず話題にのぼるほど、代表的な事例として挙げられ始めた。ヘイトのターゲットとして女性、移民、性的マイノリティはよく言及されるが、子供の母親は少し異例と言える。全世界のヘイト表現研究や報告のなかで、子供の母親をターゲットに設定したのは一度も見たことがない。もちろん妊娠や出産による差別は禁止されるべきだが、これは妊婦が職場などで差別される状況を念頭に置いたものだ。

しかし韓国的な脈絡でママ虫という単語の使われ方は、ヘイトと見なせる可能性を十分に含んでいる。

京郷新聞の記事によるとママ虫は、おむつ、キンパ[★2]、教育、しつけ、食べさせるもの、やめさせる、こぼす、垂らす、うちの子、ベビーカー、叱る、高級ベビーカー、コーヒーショップ、VIP、ビュッフェ、ブランチ、扱いにくい、非常識、非一般、押しが強い、開き直り、迷惑、傲慢、おしゃべり、なじる、走り回る、めちゃくちゃ、言うことを聞かない、無概念、無知、割り込み、うるさい、浅はか、言い合う、カスタマーハラスメント、ぐずる、片づけない、被害、他人のせいにする、自分に甘い、夫の悪口、夫の実家の悪口、おむつ入れ、太っている、レギンス、ブサイク、裸足、スリッパ、だらしないワンピース、ひっつめ、みすぼらしい、おしゃれをしない、おばさん、公共の場所、カフェ（スタバ、コーヒービーン）、公共交通、レストラン、バス、デパート、エレベーター、映画館、極度のヘイト、姿を見たくもない、散々だ、怒りでぶるぶる震える、女性嫌悪などの単語に典型化される。[9] 子供の母親のイメージが、無礼で、他人に被害を与える忌避対象として固定化されているのだ。特定集団の否定的な姿を固定観念化するのがマイノリティをヘイトし差別する典型的な形態と定義するなら、ママ虫ということばが広く話題にのぼるのは懸念すべきことだ。

もちろん特定集団を見くだす表現がすべてヘイト表現というわけではない。あるマイノリティ集団が現在にいたるまで差別されてきた脈略上に、ヘイト表現は成立する。そのため子供の母親が韓国社会でどんな境遇に置かれているのかが核心になる。言い換えると、韓国社会が果たして子供と母親を、人格を持った人として尊重してい

★1 **ママ虫 맘충** カフェやレストランなどで騒ぎ回る子どもを放置する迷惑な母親や、夫の稼いだお金で遊び回っている子持ち女性を侮辱することば。現在「ママ虫」は幅広い意味で使われており、母親全般を軽蔑したり見くだす意味をもっている

★2 **キンパ** 韓国ののりまき

るのかが問われなければならない。そうでない社会なら、ママ虫ということばの社会的な害悪は無視できない問題になる。ママ虫ということばを深刻に受け止める理由は、そのことばが子供と母親に対する差別を再生産しているからだ。

ママ虫のように子供と母親をヘイトすることばが広く使われ、母親たちは子供を連れて外出すること自体が負担になっていると言う。子供と一緒の行動ひとつひとつが指摘される対象になるのか不安になり、知らないうちに他人の視線を意識し萎縮してしまう。これは、特定集団の否定的な側面を固定観念化し萎縮させて社会から排除させる、ヘイト表現の典型的な危害と言える。

「ノーキッズゾーン」はどうだろうか。これは子供と母親に対するヘイトを実行に移したもので、これ自体が差別だと言える。２０１７年11月、国家人権委員会でもノーキッズゾーンは差別であるという決定を下した。結論よりも重要なのはその論拠である。見くだす表現がすべてヘイト表現になるわけではなく、ある集団の出入りを禁止するからといってすべて差別にはならない。例えばクラシックコンサートに５歳以下の子供を禁止するのは、クラシックコンサートの本質的な目的を遂行するために必要だからだ。これは自然と容認されてきた慣行でもある。

しかしある特定集団を指定し排除するのは、常に最終手段でなければならない。特定集団に対する排除はそうしないと営業がどうしても不可能で、どうしても代案を探せない時にのみ例外的に許される。だとすれば一般大衆を対象にするレストランやカフェで子供の出入りを禁止するのが本当に避けられないことなのか、突き詰めて考えなければならない。

普通、子供と母親の存在が営業の本質的な目的を実現させないとは考えにくい。もちろん負担になることはあるだろう。子供用の食器や椅子の準備だけでなく、子供はどうしても食べ物をよくこぼすし、周りに世話をやかせ、どこでも動き回ったりする。ただこのような負担が子供の出入りを一切認めないほど深刻なものなのか、もしくは社会が受け入れるべき問題なのかを考える必要がある。

「5歳以下の子供は出入り禁止」という案内以外にどんな解決策も見出せない状況なら仕方ないが、そうでないならどうにかして他の方法を探さなければならない。差別を禁止するのは、むやみやたらに自由を制限するという趣旨ではない。ただ特定マイノリティ集団を区別して排除するという「安易な」やり方で問題を解決するなということだ。そしてこれは、社会全体が頭を突き合わせ共存の方法を探していこうという注文でもある。これは事業主の苦労を無視するわけではない。ただその解決方法がノーキッズゾーンしかないのかを問うているわけだ。

ママ虫やノーキッズゾーンの問題を解決する一番良い方法は、子供と母親が差別されず尊重される社会をつくることである。そのような社会になればママ虫などということばは軽く受け流せる。ノーキッズゾーンを運営する店があっても気にならなくなる。子供と母親を歓迎するお店と公共施設がたくさんあるのに、一部のお店でそのような営業をしようとしまいが何の関係があるだろうか。問題はママ虫がことばに留まらず、子供の母親を本当の虫のように扱うということが「現実化」していることだ。ママ虫とさげすむ自由やノーキッズゾーンを営業する自由を望む者がいるのであれば、子供と母親が差別される社会の現実を変えていかなければならない。

レッスン3 ヘイト表現を類型化する

「黒人がふたり、うちの寮にいるんだけど…」

レッスン2では、ヘイト表現の概念を幅広く捉える必要性について説明した。すなわち、たとえば次のような表現をヘイト表現の範疇に入れる必要が出てくる。表現のレベルとかたちは異なるが、ヘイト表現として相通じる部分があるからだ。

例示1．同性愛クィア文化フェスティバル★1断固反対。人類の生命秩序、家庭、人間の秩序が崩れればこの社会も崩れる[1]

例示2．黒人がふたり、うちの寮にいるんだけど、あ～○○のにおいがとてもククク

★1 クィア文化フェスティバル Queer culture festival

ククク[2]

例示3．良い韓国人も悪い韓国人もどちらも殺せ！[3]

しかしこれらの表現に対して、すべて同じ対応をすることはできない。たとえば**例示3**の類型ならまだしも、**例示1**のような表現を刑事罰の対象にするには無理がある。ヘイト表現の範囲を広く捉えるなら、具体的な対応戦略を準備するため細かく類型することが必要になってくる。

ヘイト表現の類型は**表1**のように3つに区分できる。このような類型の分類はヘイト表現の多様なあり方を示すことができ、具体的な対応方法を模索するときにも役立つ。例えば、放送や会社、学校などでヘイト表現の対応基準を定めるときは、ヘイト表現の概念を包括的に規定しなければならないが、刑事罰の対象を定めるときは憎悪扇動に限定される。

偏見の助長

「両性の平等に基づいた現行の憲法から、ジェンダー理論による同性愛、近親相姦、同性婚などを許す『性の平等』に基づいた憲法へと改定されれば、憲法の重要価値が崩れます！」、「国を守るために軍隊に行った息子が同性愛者になって、エイズに感染して戻ってくるのか？軍隊内での同性愛を許すなら、うちの息子を絶対に軍隊に行かせない」。これらは2017年に文在寅《ムンジェイン》大統領がキム・イス判事を憲法裁判所長にすることに反対する団体が、

［表1］ヘイト表現の類型

類型	内容	例示事例
偏見の助長	偏見と差別を拡散し助長する行為	『同性愛クィア文化フェスティバル断固反対。人類の生命秩序、家庭、人間の秩序が崩れればこの社会も崩れる』
侮辱	マイノリティ（個人、集団）を蔑視・侮辱・威嚇し人間の尊厳を侵害する表現行為	『黒人がふたり、うちの寮にいるんだけど、あ〜○○のにおいがとても　ククククク』
憎悪の扇動	マイノリティ集団への差別、敵意、暴力を助長・扇動する憎悪を唱道する行為	『良い韓国人も悪い韓国人もどちらも殺せ！』

「同性愛・同性婚改憲反対国民連合」とともに出した意見広告の一部だ。これは一種の「政策」広告だ。憲法改正や憲法裁判所長任命について意見を出すかたちを取っているからだ。国の政策への意見は、原則として自由に保証されなければならない。

しかし性的マイノリティの団体はこれを「ヘイト表現」だと指摘する。なぜだろうか。彼らにとって、侮辱的なことばを性的マイノリティに浴びせることと、もっともらしく政策提案のふりをすることはほとんど同じだからだ。ある意味、もっと巧妙に差別とヘイトを煽り立てる効果を生み出すとも言える。レッスン4でも説明するがヘイト表現の危害は、精神的苦痛と共存の破壊とに区分できる。後者の側から見れば、むしろこのような方法のほうが差別とヘイトを助長しうるため、さらに深刻な問題になりうるのだ。

ある資料は「憲法に亡命権を新設してはならない」と主張し、その理由としてスウェーデンでは強姦の92パーセントがイスラム難民によるものであり、フランスの場合はムスリムによる暴動が日常化していることを挙げている。憲法上、基本権の主体を「国民」から「(自然)人」に替えてはならないと主張し、その理由として外国人犯罪の増加などを挙げることもある。これもやはり憲法改定についての意見を述べる方法だが、難民や外国人を潜在的な犯罪者集団とレッテルを貼るように誘導する可能性がある。難民や外国人にとっては、これも「ヘイト表現」だと受け止めざるをえない。

このようなかたちのことばが招く害悪が、過激な罵りや扇動よりましだとは言えないため、これも一種のヘイト表現だと言える。これは偏見や差別を拡散したり、助長する類型のヘイト表現だ。事実の指摘、学術発表、宗教的信念の表明、個人的良心の表出、政策提言などで、差別を暗示する表現をするのだ。

この後に説明する蔑視、侮辱、威嚇よりは表現の程度がかなり柔らかく、憎悪扇動のような扇動性があるわけでもない。例えば中国人や中国朝鮮族を「垢野郎《テノム》[★1]」と言えば、蔑視や侮辱的なヘイト表現になり、「中国朝鮮族を全員追放しろ！」と扇動すれば、憎悪扇動に該当するだろう。しかし、「相手のことばづかいが朝鮮族や脱北者みたいだったら、できるだけ信用しないで距離を置くことがあなたの生命を守ります」と言えば、「アドバイス」に近い。「朝鮮族が韓国に入ってくる前はバラバラ殺人はありませんでした。自国民を保護するためにも外国人労働者の管理をもう少し徹底すべきです」と言えば、「犯罪対策」を提案するかたちになる。問題はこのようにアドバイスや政策提言にかこつけて、一見穏やかに見えるヘイト表現が実際にはさらに深刻な危害を生みだすという点だ。これはもっと巧妙に差別を助長するからだ。実際に「朝鮮族を追い出せ」というより、朝鮮族に対する否定的な認識を、時間をかけて助長するほうが究極的に彼らを差別し排除する効果がもっと大きくなることもありえる。だからこそ差別を助長する表現も、ヘイト表現の範疇に入れなければならない。

ただし偏見の助長に該当するヘイト表現を、法で禁止するのはそんなに簡単ではない。何より表現の自由とぶつかりやすい。たとえば、学会で中国朝鮮族による犯罪現況を分析する論文を発表するのであれば、それは学問・表現の自由と見なすべきで、また移民政策の問題として朝鮮族による犯罪と移民政策の問題を提起するなら、これは政治的な意思の表明に該当すると言える。一部の国でのヘイト表現禁止法には、事実陳述、宗教的陳述、公的関心事などの場合は法規制の適用を免れる条項を入れているので、たとえ偏見を助長する行為がヘイト表現に当たるとしても、この免除条項に該当すれば法の適用は難しいだろう。

★1 **垢野郎 땟놈** 中国人や中国から移民してきた朝鮮族を見くだすことば。韓国語で「群れ」と「垢」の発音がどちらも「テ」であること(떼로 몰려다니니 떼놈이고, 땟국이 줄줄 흐르니 땟놈이지)から生まれた

侮辱

2009年韓国のP氏はあるインド人を、「ユー アラブ、ユー アラブ！」、「おまえくさい、この汚いXXめ」、「ファックユー、ファックユー！」などと罵った。そのインド人はP氏を訴え、P氏は侮辱罪による刑事罰を受けた。裁判所は、P氏が「特定宗教や国籍の外国人をヘイトするような発言をし、被害者に侮辱感を与えた点」[4]を認めた。侮辱型ヘイト表現はこのようにマイノリティ(個人、集団)に対する蔑視、侮辱、威嚇を通じ、人間の尊厳性を侵害する。もしこのようなことばを浴びせられたら、極度の侮辱感や蔑視感とともに、場合によっては物理的な暴力を受けるかもしれないという実質的な脅威も感じるだろう。

米国の哲学者マーサ・ヌスバウム[★1]は、ヘイト(disgust)とは特定集団を、不潔で悪臭を放ちべたべたとしていて動物的なものと見くだし、排除されるべき「汚染源」と感じることだとしたが[5]、これはまさにこの類型のヘイト表現にふさわしい説明である。例えばイギリスでサッカー選手として活躍したパク・チソンが「チンクを倒せ！」[★2]と言われた事件や、イギリスのサッカーファンであるウイリアム・ブリーシングがナイジェリア人ヴィクター・アニチェベに「くたばれ、黒いサル！」[6]と罵ったように、ある人種を動物に比喩して格下げする発言をするのが典型的な侮辱型ヘイト表現だ。日本の嫌韓デモ隊が「キムチのにおいがする！」、「朝鮮人はウンコでも食え！」、「おばさん、朝鮮人に体を売ってどうするんだ！」と叫んだこともこの類型のヘイト表現に分けられる。

このような表現をした場合、個人が特定されれば韓国の刑法では侮辱罪として処罰される。侮辱罪がない国でも民事上、損害賠償を請求できる。2009年のP氏事件もあるインド人を特定して罵ったために侮辱罪で処罰された。しかし個人や集団を特定しないで「朝鮮人」、「移民労働者」、「ムスリム」、「同性愛者」のようにマイノリティ集団に向かって侮辱的な表現をした場合には、適用できる法規制がない。そのためマイノリティに対する蔑視、侮辱、威嚇をヘイト表現のひとつの類型として分類して処罰しようと提起された。その代表例として、イギリスの公共秩序法★3や、ニュージーランド人権法★4では、威嚇、罵り、侮辱などを禁止している。韓国でも「人種および出生地域などを理由に公然と人を嫌悪＝ヘイトした者は1年以下の懲役または1000万ウォン以下の罰金に処する」という条項を追加する(いわゆる「嫌悪罪＝ヘイト罪」を新設する)法案が[7]発議されたことがある。

憎悪の扇動

「G20会議場から半径2キロ以内のムスリムの接近を禁止すべきだ。万が一のテロに備えて接近してきたら全員射殺しろ」、「韓国内の序列順は不法滞在者＞韓国人のようです。なぜなら韓国にはKKK団のような民族浄化主義者たちがいないからです」。[8] これはムスリムや外国人に対する代表的なヘイト表現だ。

しかしこれは、前述したその他のヘイト表現の類型に比べると、強度が強く見え、その害悪も重大に見える。その核心的な理由は具体的な行動を導き出す意図が働いているからだ。性的マイノリティに「汚い」、「石で殴って殺したい」[9]、というのも単純に悪口のようにも聞こえるが、場合によっては性的マイノリティに対する暴力を導きだせる。日本の在

★1 マーサ・ヌスバウム Martha Nussbaum

★2 チンク chink つり目という意味を持つ東洋人をさげすむことば

★3 イギリスの公共秩序法 Public Order Act 1986

★4 ニュージーランド人権法 Human Rights Act1993

特会デモ隊がコリアンタウンに詰めかけて叫ぶ「朝鮮人を殺すことは害虫駆除と同じだ」、「殺せ、殺せ、朝鮮人」、「いい朝鮮人も悪い朝鮮人もどちらも殺せ」、「ゴキブリ朝鮮人を追い出せ！」、「朝鮮人消えろ！」、「朝鮮人を見たら石を投げて、朝鮮人の女は強姦してもいいのです」、というスローガンは、被害者を侮辱する表現ということも問題だが、他の日本人にコリアンに対する差別と暴力に「賛同」するように呼び掛けているのがさらに問題なのだ。

　このような類型のヘイト表現を「憎悪扇動[★1]」と呼ぶ。[10] ターゲット集団への差別を助長したり、人格を冒とくすることを超えて、第三者に差別を「一緒にしよう」と扇動し、実際に切迫した危険をつくりだすという特徴がある。

「市民的および政治的権利に関する国際規約」と「あらゆる形態の人種差別の撤廃に関する国際条約」でのヘイト表現禁止規定は事実上、憎悪扇動型ヘイト表現を対象にするものとして解釈され、欧州連合（EU）内の約20カ国、オーストラリア、ニュージーランド、カナダ、ブラジル、コロンビアなどで法によって禁止している類型のヘイト表現も、事実上、憎悪扇動と言える。[11] 表現の自由を擁護するアーティクル19[★2]という国際人権団体でもヘイト表現だけは表現の自由の例外に該当し、処罰も可能だと見ている。[12]

　しかし憎悪の扇動性がある表現をしたとしても、それがすぐさま憎悪扇動につながるわけではない。実際に、具体的な暴力行為を引き出す可能性があってこそ憎悪扇動に該当する。アーティクル19が提示するように、「その集団に属する人々に対して差別、敵対心、暴力を起こしうる切迫した危険」を創出するのかどうかが核心になる。

　また憎悪扇動に対しては意図性、扇動性などの具体的な基準を準備することができるので、法での規制は比較的に簡単だ。法適用が乱用され、表現の自由とぶつかる可能性も相対的に低い。[13] 法治国家で具体的な危険を創出する行為を規制するのはおかしなことではない。そのためヘイト表現の中で憎悪扇動だけを刑事処罰できるヘイト表現の類型だと見たり、憎悪扇動だけをヘイト表現と見なそうとする（ヘイト表現＝憎悪扇動）立場もある。

ヘイト表現類型化の限界

しかし偏見助長、侮辱、憎悪扇動でヘイト表現を区分するのは、思ったより簡単ではなく、たとえ区分が可能だとしてもある類型の危害のみがとりたてて大きいとは言えない場合も多い。

韓国の犬食文化を非難したことで激しくバッシングされたフランスの俳優ブリジット・バルドー★3は、自身の人種差別発言によって何度も裁判を受けている。実際に彼女の著書や発言などを見ると、移民者やイスラムに対する侮辱的な発言もあるが、移民政策に対する意見を表明しているような部分もある。彼女は法廷で「人種的な憎悪心をかきたてる意図はなく、衰退していくフランス社会に対して自分の意見を言いたかった」と主張した。我々の分類によると、自身の発言が偏見を助長したり、憎悪を扇動したのではなく、一種の政策提言であるために免責されなければならないという主張として解釈できる。

男性同性愛者を「肛門虫《ハンムンチュン》」と言ったり「ファゴット★4」[14]と呼べば蔑視や侮辱に該当するだろうが、「人間は男女が結合して一緒に住むのが正常でしょう。だから同性愛には反対の立場です」[15]という風に言うなら、政策についての意見を提示しているようにも聞こえる。「キ

★1 憎悪扇動
incitement to hatred

★2 アーティクル19
article19

★3 ブリジット・バルドー
Brigitte Bardot

★4 ファゴット Faggot 同性愛者を見くだすスラング

ムチのにおいがする！」は、とりあえず蔑視と侮辱程度と捉えるべきだが、ある脈絡では憎悪扇動になりうる。「外国人労働者を追い出せ」ということばは憎悪扇動に、「外国人労働者の数を減らすのが韓国の未来のために正しい」は偏見を助長するヘイト表現に分類されるだろうが、後者は、ある脈絡ではさらに扇動的で暴力的な発言になりうる。

例えば特定の表現よりかはその表現が発話される脈絡について、評価と理解が前提になる必要があるため、類型化は常に議論の余地をふくんでいる。しかしヘイト表現の類型化は、多様なかたちで表れるヘイト表現の問題を理解するのに役立ち、ヘイト表現の概念範囲を確定するのにも参考になりうる。またヘイト表現を規制するためにはヘイト表現を適切に類型化してこそ、それに合うさまざまな対応方法を適材適所に投入できるのだ。

「いま現在、この場所」**韓国のヘイト論争2**

ハラスメントは差別だ

ソウル市の光化門《クァンファムン》広場で「同性愛反対」のプラカードを持ってひとりデモをするのと、ある会社の部長が部下とのグループトークで同性愛者を嘲笑する動画を共有するのと、どちらが深刻だろうか？

光化門デモは相手を選ばず一般市民を対象にしたという点で波及力が大きいように見えるが、直接的な危害を招くとは言いにくい。具体的に誰がどんな被害を受けるのかが不明であり、市民社会での討論のなかで自然と淘汰されるだろう。一方、とある会社の部長が動画を共有した場合は話が違う。部長が送った動画に「クククすごい」、「部長、とてもおかしいです」という同僚らの返信を見ざるをえない同性愛者社員の心のうちはどんなものだろうか。激しい侮辱感とともに、これからもこの職場で働くべきか深刻に悩むはずだ。またこんな冗談のやりとりをする職場で、同性愛者が実際に差別されずにすむだろうか。社員は純粋に「冗談」として同性愛者をからかっているだけで、実際の差別行為にはつながらないと言えるだろうか。職場のグループトークで差別的な内容のものが共有されるなら、それは当事者であるマイノリティにダイレクトに精神的苦痛を与え、実際の差別につながる可能性が高い。ただの冗談では済まされない状況にもなりうるだろう。

「差別的ハラスメント」はこのように属性を理由にマイノリティ（個人、集団）に羞恥心、侮辱感、恐れなど精神的苦痛を与える行為を指す。差別的ハラスメントは差別行為とみなされ、包括的な差別禁止法によって規制されるのが一般的だ。韓国の差別禁止法案はハラスメントを以下のように規定している。

〈ハラスメント〉

性別などを理由に個人や集団に対し尊厳性を害したり、羞恥心・侮辱感・恐怖心を引き起こしたり、敵対的・威嚇的・侮辱的な雰囲気をつくりだすなどの方法で身体的・精神的苦痛を与える全ての行為[16]

差別禁止の理由として法案では「性別など」を「性別、障がい、病歴、年齢、言語、出身国家、出身民族、人種、皮膚の色、出身地域、出身学校、容貌などの身体条件、結婚の有無、妊娠または出産、家族形態および家族状況、宗教、思想や政治的意見、前科、性的指向、性自認、学歴、雇用形態、社会的な身分など」を挙げている。つまりこのような差別禁止の理由をもって苦痛を与える行為が、まさに「ハラスメント」である。例えばセクシュアルハラスメント、人種ハラスメント、性的指向ハラスメントなどが成立する。そのためハラスメント[★1]は一種の「差別行為」とみなされ、「差別的ハラスメント」と言われたりもする。[17] このようなハラスメントが言語などの表現を媒介としない場合もあるが、言語的なハラスメントは事実上ヘイト表現に属すると言える。[18]

韓国の障がい者差別禁止法は「集団いじめ、放置、遺棄、いじめ、ハラスメント、虐待、金銭的な搾取、性的自己決定の侵害などの方法で障がい者に加えられる身体的・精神的・情緒的・言語的行為」(3条20号)を障がい者に対するハラスメントと規定し禁止している。セクシュアルハラスメントも「性を理由にしたハラスメント」であり、性によるハラスメントは既に現行法によって規律されている。[19] そのため差別禁止法が制定されれば、障がいと性に限定されていたハラスメントが、他の差別禁止の理由へと拡大されるのである。

ハラスメントは基本的に雇用、財貨・サービス提供、教育などの領域で発生する。特に権力関係により教師や教授がマイノリティの学生を、職場の上司がマイノリティの部下にハラスメントをするのが問題になる。例えばマイノリティ人種の社員に向かってその人種を理由に嘲笑することは、その社員だけにとどまらず、その社員と同じ属性をもった他の社員にも精神的苦痛を与える。そしてそれは差別に直結する可能性が高く、そこだけで解決が期待できないために法が介入することになる。

このほか、マイノリティやその集団に向かって直接言うのではなく、差別的な環境をつくることによって間接的に苦痛を与えることもハラスメントと見なされる。セクシュアルハラスメントに「環境型セクシュアルハラスメント」があるように、あらゆるハラスメントにも「環境型」があるのだ。例えばあるマイノリティの特性についてからかったり侮辱してもハラスメントが成立するが、マイノリティを見くだすポスターを貼ったり、動画を共有する行為も差別的な環境をつくりだすという点で問題となる。

今までの説明を総合してみると、差別的ハラスメントはヘイト表現でもあるが、差別の一種ということが分かる。雇用、財貨・サービスの提供、教育などの領域で発せられるヘイト表現がまさに差別的ハラスメントであり、この領域でのヘイト表現は差別の一種と見なされ、差別禁止法により禁止されるのだ。

★1 セクシュアルハラスメント
sexual harassment

レッスン4 ヘイトのピラミッドを知る

「女性が好きなのにどうして女性嫌悪なんでしょう？」

クィア文化フェスティバルの日だった。性的マイノリティの友人がイベント会場内にいたわたしに慌てて連絡をしてきた。「反同性愛のデモ隊を避けて中に入れる方法ってあるかな？」「なさそうだけど、どうして？」友人はしばらくするとイベント会場に到着し、息を切らしながらこう言った。

「目をつぶって走って来た。デモ隊のプラカードを見たら吐きそうで」

表情が深刻だった。軽く口にしたことばではなかった。色々な仕事で交流してきた友人だったが、その友人が常日ごろ受けてきた苦痛がどんなものであるのか、その時はじめて感じることができた。その友人は他の誰よりも堂々と活動している性的マイノリティの活動家だ。そんな友人がたかがデモ隊の横をさっと通り過ぎることもできずにぶるぶると震えているなんて……。

ヘイト表現というのはこういうものだ。自身のアイデンティティをことごとく否定することばを聞かなくてはならないということ、それは当事者でなければ想像しにくい苦痛だ。これが果たして実体がない苦痛なのか。個人の特殊な苦痛に過ぎないのか。そんな苦痛の中で生きなければならないとすれば、果たして尊重された平等な市民としての人生を生きていけると言えるのだろうか。他のマイノリティの場合も同じだ。ある犯罪が精神病者のしわざだというような報道が出れば、「出歩かないようにしろ」、「病院に閉じ込めておけ」というコメントが数多くつくことになる。そのコメントを見たある精神障がい者の反応は思っていたよりも深刻だった。

不快っていうレベルじゃなくて……。(ことばに詰まる)悔しくて、私がその犯罪者になった気分になりますし……。隠れていたくて、うん……。そして死にたくなります。こういう犯罪……、精神障がい者の犯罪がこんなに多い世の中なら、わたしがこの国で誰から認められるのか。だったら死んでしまったほうが。精神病院の中も監獄だし外の世界も監獄ですよ。昔スパイを管理したように精神障がい者を管理することになってしまったんでしょう。[1]

性的マイノリティである青年は、性的マイノリティに対する歪曲された情報が自身を「疲弊させ」、「精神的に吸い取られる」と表現した。

ネット上には歪曲された情報が多いんです。なのでわたしはそんな間違った情報をひとつひとつ見つけては反論します。ポータルサイトニュースのコメント欄にヘイト表現を見つけては、反論するコメントをつけると、すぐにわたしのコメントへのコメントが来ます。「はい、次のゲイ~」って。つまりコメントに反論コメントをつけた人は、みんなゲイだって見くだすんです。どんな人であれ性的マイノリティの人権を擁護するコメントを書けば、「はい、次のゲイ」ってコメントをすぐにつけるんです。わたしがいくらがんばっても、こんなことを経験すると、「あぁ……大丈夫なのかな？　自分が何かを変えられるのかな？」と思ったりします。ネットのヘイト表現を見るとものすごく疲弊します。精神的に吸い取られると言ったらいいかもしれません。力が抜けます。[2]

この程度に収まらず、目の前で「この汚い〇〇め」、「石で殴って殺したい」のようなことばを聞くのはどうだろうか。このようなマイノリティの苦痛は単純に不快、気まずいという程度では済まされないだろう。このレベルなら具体的に立証可能な心理的「危害」を受けたと言える。

他人に「危害」★1を加える行為を規制するのは古今東西の大原則だ。ハンムラビ法典、モーセの十戒、古朝鮮の八条法も他人に危害を加える行為(殺人、窃盗、傷害など)を処罰する。自

★1 **危害** harm

由主義の観点からも自由が極大化されなければならないが、危害があるなら規制をすべきという「危害の原理」[★1]が唱えられている。[3] うそをつくこと自体は自由だが、そのうそが他人の財産に損害を与えると詐欺罪として罰せられる。直接、争いを誘発したり、暴力を触発する表現なら、それは物理的危害と繋がるため、それにもやはり規制が可能である。他人の名誉を棄損する表現もまた実質的な危害があるとみなされる。ヘイト表現でもこのような危害があれば規制対象になりうる。

研究者はヘイト表現の危害をおおよそ３つに分けて説明する。一つ目はヘイト表現にさらされたマイノリティ個人または集団が「精神的苦痛」を受ける。二つ目は、ヘイト表現は誰でも平等な社会構成員として生きていくという「共存の条件」を破壊する。三つ目は、ヘイト表現はそれ自体が差別で、実際に差別と暴力に結び付きうるというものだ。それでは次に、それぞれの危害について見てみよう。

精神的苦痛

まずヘイト表現が招く精神的苦痛については、これまでもさまざまな研究がなされてきた。国内外のいくつかの研究によると、ヘイト表現にさらされたマイノリティたちが偏見、恐怖、侮辱感、緊張、自尊心の喪失、自責などにより苦痛を受け、自殺に結びつく場合すらあったと言う。[4] ２０１６年の国家人権委員会の研究でも、ヘイト表現の被害を受けたマイノリティがレッテルと偏見により、仕事と学業など日常生活から排除され、恐怖、悲しみ、持続的な緊張、無力感、自尊心の傷つきなどによる自殺衝動、うつ病、パニック障がい、ＰＴＳ

Dなど、多様な苦痛を訴えていることが明らかになった。ヘイト表現の研究者たちは、このようなヘイト表現を「魂の殺人」[5]または「ことばの暴力」[6]として、その危害を「ターゲット集団に属している者たちの腹部を殴る」[7]、「(特に目の前での侮辱を受けた場合)横っ面をひっぱたくのと同じだ」[8]と表現したりしている。

特定の個人が受けた精神的苦痛は、侮辱罪、名誉棄損罪、民事上の損害賠償などで救済される。例えば、誰かを名指しして、その人の人種や出身国をからかって悪口を言うなら、現行法では侮辱罪が適用される。集団の場合でも、単に「教授」ではなく「〇〇大学〇〇科の教授」だとか、単純に「記者」ではなく「〇〇日報の記者」と特定して侮辱をすれば処罰が可能だ。

しかし問題はヘイト表現のほとんどが、ある集団や個人を特定しないということだ。障がい者Aに「そんな姿で外に出かけて恥ずかしくないの?」と言えば具体的に個人を侮辱することになるが、「障がい者は家の外に出るな」というデモをしても、具体的な個人が侮辱されたということにはならない。ただ、障がい者というマイノリティ集団が「集団的に」侮辱されただけである。ヘイト表現禁止法が別途必要な理由は、このようにマイノリティ集団自体を指して侮辱したり名誉を毀損するのを規制する必要があるからだ。[9]

実際にヘイト表現が誰かを名指ししようがしまいが、その危害はマイノリティ集団全体に及ぶ。ヘイト表現の危害がこのように「伝播性」あるいは「集団性」を持っているためにヘイト表現は一種の「集団名誉棄損」★2または「集団侮辱罪」の性格を持っている。[10] ある意味、ヘイト表現は一般的な侮辱や名誉棄損より、その危害が大きいとも言える。その危害が個人だけではなくマイノリティ集団全体に及ぶためだ。

★1 **危害の原理**
harm principles

★2 **集団名誉棄損**
group defamation

例えば、「においがする外国人労働者は自分の国に帰ったらいいのに」という内容が放送されたら、このことばのために苦痛を受けるのは外国人労働者全体だ。「集団」としての外国人労働者が苦痛を受けるのだ。ターゲットになったマイノリティ集団は歴史的に虐げられ、差別されてきた歴史を共有しているため、危害も「集団的」だ。

「〇〇大学〇〇学科教授らはゴキブリのような奴らだ」という悪口を言われた教授らは名指しされているがために侮辱罪などで救済されるが、「東南アジアの労働者たちはゴキブリのような奴らだ」と言われた労働者たちの侮辱感はそのままにしておいても良いのだろうか。かつ外国人労働者たちが歴史的・社会的に差別を受けてきた歴史と現実を考えれば、その差別の破壊力と波及力を軽く見なしても良いのだろうか。歴史的な脈絡なしに誰かを侮辱することを処罰しておいて、すでに差別されている集団にさらにもう一度傷を負わせる発言は見逃しておいても良いのかを問いたいのだ。

共存条件の破壊

職場で自身のトイレの利用問題を解決してほしいと求めたら、それから先いつもヘイト表現を耳にするはめになったトランスジェンダーの話だ。

社長もわたしに「マジョリティに勝とうとせずにただ働け」って言うだけなんです。辞める時、社長が「君だけのトイレを作ってあげようと思ってた」とは言ってくれましたが、わたしは自分だけのトイレを望んだわけじゃないんです……。いつもトイレに行くたびに、他の社員がひそひそ話して、わたしを精神患者のように見て……。年俸の協議をするときに会社を辞めますって言いました。[11]

この友人はトイレの問題解決を要求してから7カ月後に会社を辞職せざるをえなかった。

一方、次は職場で、また道ばたで日常的にヘイト表現にさらされている、ある移民者の話だ。

電車にお酒に酔ったおじさんが乗ってくると、わたしに「自分の国に帰れ」って言うんです。わたしが「ここがわたしの国ですけど」と答えても、「わたしがなんでこんな会話をしているんだろう」、「もっと話さないといけないかな」、「電車から降りないといけないかな」、「他の車両に移ろうかな」って悩みます。たまたまわたしの前に座っていたおじさんが止めてくれました。こういうことが本当に多いんです。記憶の中から全部消してしまいたいです。ほんと韓国に住んでいるのが嫌になる時があります。ずっと緊張しながら暮らさないといけないのかな、それは嫌なんです。移民として、こんな待遇で暮らしたい人なんていないと思います。[12]

このように毎日、緊張し続けながら暮らしているし、ふだんの社会生活にも支障がある。実際に被害を受けたマイノリティたちはヘイト表現が、引っ越し、移民、辞職、転職、中退、転校、休学など「仕事と学業」に否定的な影響を与えたと証言している。[13]

これはヘイト表現がマイノリティたちを社会から排除するということ、特に学校や職場などで自己啓発と社会参加を難しくするということをよく示している。

東南アジアの外国人労働者をからかい、侮辱するTV番組が連日放送されれば、彼らは会社や学校生活で萎縮するしかなくなる。同僚たちも自身をそのように見ているだろうという考えが頭から離れないからだ。学校や会社で同性愛者を侮辱する冗談がなんともなしに飛び交い、同僚たちも毎回くすくす笑う状況で、同性愛者であることがばれるのではないかと戦々恐々とするしかない。このような状況では非同性愛者と平等に社会生活を送れるとは言いがたい。からかいといじめの対象になり最後の手段として自殺の衝動にかられる可能性も決して排除できない。

これはヘイト表現が、マイノリティが市民としてともに生きていく「共存の条件」を破壊することを示す。ヘイト表現の危害を緻密に論証したジェレミー・ウォルドロンはヘイト表現が、ある社会の同等な構成員として尊厳ある暮らしを壊し、多様なアイデンティティを持った構成員がともに生きていくという「公共善[★1]」を破壊すると指摘した。[14]

彼はヘイト表現の規制が「侮辱、不快感、傷を与えることばから人々を保護するもの」ではなく、「包容の公共善と正義の基礎に関する相互確信の公共善」を守るという点に注目している。[15] ウォルドロンが言う公共善は社会の各構成員たちが自由で平等に生きていけるという共存の条件をさす。各構成員たちは自身の属性が何であれ、敵対、排除、差別、暴力を受けずに、他の構成員たちと一緒に生きていけるということを信頼できなければならない。このような共存の条件下ですべての構成員は「構成員としての正常な資格」、つまり尊重された存在としての社会的地位を保障されて生きていけるという確信を持たなければならないが、ヘイト表現はこのような包容の公共善を破壊するのだ。[16]

ウォルドロンはヘイト表現が、ある社会的環境や状況を創出するという点に注目する。

ヘイト表現がはびこっている環境では、マイノリティたちは「この社会で平等な待遇を受けて生きていけない」と考えざるをえない。敵対、暴力、排除の威嚇を受けないという「確信」を持てないからだ。

またウォルドロンはジョン・ロールズ★2の政治哲学をもとにした公正な社会における各個人は、お互いがお互いをどのように待遇し待遇されるかに関する確信をもっていなければならないと主張する。すなわち「すべての者は平等な人間で、人間性の尊厳を持ち、すべての者は正義に関する基礎的な権限を持ち、すべての者は暴力、排除、侮辱、従属のもっとも激しい形態から保護される資格があることについて確信」[17]するのが、正義の重要な基礎であるが、ヘイト表現はこの基礎を崩壊させるのだ。

ヘイト表現が共存の条件を破壊するなら、これは憲法が保障する「人間の尊厳」、「平等」、「差別からの自由な権利」、「連帯性」などを棄損するのだ。[18] 表現の自由も重要だが、表現がこのような価値を破壊するのであれば、表現の自由が優先されてはならない。[19] もしヘイト表現がマイノリティを社会から実質的に排除し、聴衆を差別と排除に同調するように誘導するというような現実的危害を持っているなら、平等と人間の尊厳など他の憲法的価値を守るためにヘイト表現を規制しなければならないだろう。

ヘイトのピラミッド

一部の国ではヘイト表現をすぐさま差別行為と見なす。ヘイト表現が差別を助長・拡散させたり、差別を指示するために、それ自体で差別行為が成立するのだ。ヘイト表現その

★1 **公共善** public good
★2 **ジョン・ロールズ** John Rawls

ものが差別行為でなくても、ヘイト表現が差別や暴力に結びつきうるという点までは否定しにくい。差別や暴力は明らかに違法であり、ヘイト表現は少なくとも違法の前段階と見なすことができる。憎悪犯罪が発生しているのならその社会には必ず偏見と差別があり、ヘイト表現が飛びかっているだろう。このような背景なしに憎悪犯罪がいきなり起きることはない。

米国やヨーロッパで活動中のいわゆる「ヘイト組織★1」はヘイト表現を流布させたりもし、組織的な暴力を行使したりもする。偏見、ヘイト表現、差別、暴力は同じ脈絡に置かれているからだ。あるターゲット集団に対し、汚くて不快で排除したいという思いをはばかることなく表現できてしまえば、彼らを差別するのは当然なことになってしまい、いざとなったら物理的暴力を行使できてしまう。そのため多くの研究者は偏見、ヘイト表現、差別、憎悪犯罪をひとつの脈絡と見る。偏見の発現が表現なのか暴力なのかに分かれるだけで、その原因と背景は同一だからだ。この点がよく示されているのが**表2**の「ヘイトのピラミッド[20]」だ。

図の一番下段にあるのは偏見だ。頭の中を覗き見ることはできないため偏見自体が規制の対象にはならない。根本的な問題解決のためには偏見を解消しなければならないが、これは偏見に対する直接的な規制ではなく、偏見が生まれないように社会文化的、政治経済的背景をつくっていくためのアプローチだと理解すべきだ。偏見を表に出せば、それがすなわちヘイト表現だ。偏見は雇用、サービス、教育などの領域で実際の差別に結びつき、偏見に基づいた暴力にも結びつく。前者は「差別行為」で、後者は「憎悪犯罪★2」と呼ばれる。あるマイノリティ集団に対して差別的な発言をして、それを実行に移せる社会では彼らに

★1 **ヘイト組織** hate group

★2 **憎悪犯罪** hate crime

[表2]ヘイトのピラミッド

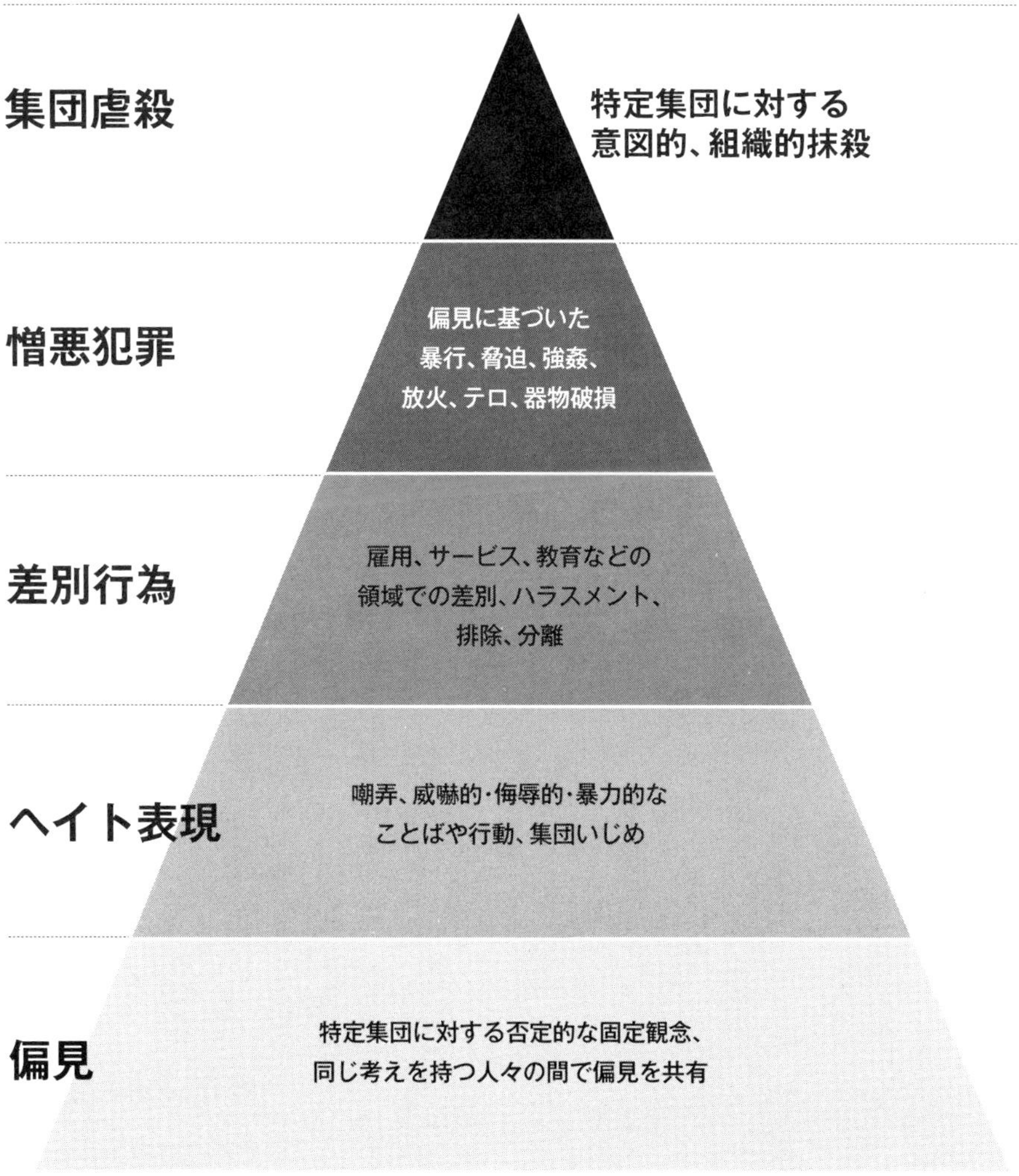
集団虐殺
特定集団に対する
意図的、組織的抹殺
憎悪犯罪
偏見に基づいた
暴行、脅迫、強姦、
放火、テロ、器物破損
差別行為
雇用、サービス、教育などの
領域での差別、ハラスメント、
排除、分離
ヘイト表現
嘲弄、威嚇的・侮辱的・暴力的な
ことばや行動、集団いじめ
偏見
特定集団に対する否定的な固定観念、
同じ考えを持つ人々の間で偏見を共有

集団リンチを加える可能性も生じる。これはジェノサイドのような大規模な人権侵害に結びついたりもする。世界的にもマイノリティに対する憎悪、偏見をもとにした殺人、強姦、暴行などの犯罪を起こす憎悪犯罪の深刻さが常に報告されている。

同じような脈絡で「否定的な発言[★1]」→マイノリティに対する「忌避」→雇用、学校などでの実際の「差別」→マイノリティに対する「物理的な攻撃」→ジェノサイドのような大量虐殺が発生する「絶滅」の段階を提示した「オールポートの偏見のスケール[★2][21]」、範疇《はんちゅう》化・象徴化・非人間化・組織化・両極化・準備・絶滅・否認につながる「ジェノサイド8段階論[★3][22]」などが提示されている。偏見が物理的な暴力になりうるという可能性に着目した理論だ。このような分析がヘイト表現の単線的な悪化を示すものではないが、ヘイト表現と暴力の相関関係は表現段階で予防的、先制的な措置が必要だという主張の根拠にはなりうる。

ヘイト表現が潜在的加害者の間で拡散性があるという点も、ヘイト表現の危害を増大させる。名誉棄損や侮辱は特別な伝播性があるのではない。しかしヘイト表現は別だ。歴史的に根深いヘイト感情と差別的な偏見が、権力欲や経済的窮乏の社会不満などと結びつき、マイノリティにその問題の原因を転嫁するのだ。そして、スケープゴートを作り出し、ヘイトイデオロギーが後代に伝承され、それが社会に根を下ろしてヘイト組織の結成に繋がることもある。[23]

偏見を持っていたとしても誰もがそれを吐き出すわけではない。しかし隣にいる人の偏見に満ちた発言を聞いた瞬間、話は変わってくる。「そうか、そう言ってもいいのか」。ひとり、ふたりと堂々とヘイトを言い出し、ある瞬間から強く言うことが人気を得るようになり、ヘイト表現に対する批判的問題意識を無力化させたりもする。そうしてヘイト表現は徐々に拡大・強化され幅を利かせるようになる。このようなヘイト表現の伝播性は、「扇動」とも説明される。憎悪扇動はヘイト表現の中でも、もっとも極端な形態と見なされる。このようなヘイト表現の伝播性は、一般的な侮辱と名誉棄損ではあまり見られない。このような状況で、侮辱と名誉棄損による損害は法で保護するのに、ヘイト表現による苦痛を無視するのは、誰が見ても矛盾している。その危害の程度や拡張性、危険性などを考えると、むしろヘイト表現こそいち早く規制されるべき問題だと言える。[24]

ヘイト表現の危害は単に観念の中の想像や個人的な不快感を指すのではない。ヘイト表現が具体的に立証可能な苦痛と社会的排除を生んでおり、ヘイトが差別と暴力につながった歴史的経験もまた無視できない。だとすれば、今こそヘイト表現の対応に関する選択肢は二つに絞られる。ヘイト表現の危害を抑えるためには法的介入をするか、もしくは規制や介入ではなく——例えばもっと多くの表現により、思想の自由市場で——ヘイト表現の危害を退かせられると主張すべきだ。どちらでもないなら、あとはヘイト表現が招く危害の実体を、見て見ぬふりをし続ければ良いのだ。

★1 **否定的な発言** antilocution

★2 **オールポートの偏見のスケール** Allport's Scale

★3 **ジェノサイド8段階論** その後、「差別」と「迫害」が追加され、現在では「ジェノサイド10段階論」が提示されている

映画〈ミッドナイト・ランナー〉はヘイトを助長したのか?

2017年の夏、在韓中国朝鮮族[★1]が、梨泰院《イテウォン》クラスで人気を博したパク・ソジュン主役の映画『ミッドナイト・ランナー』[★2]の上映禁止と映画制作会社の謝罪を求めるデモを行った。さらに、ソウル市内の朝鮮族集住地域・テリム洞《ドン》の住民団体トップなどの関係者が「テリム洞と中国同胞を見くだす映画『ミッドナイト・ランナー』共同対策委員会」を結成し、法的対応と国家人権委員会に陳情するという立場を明らかにした。

どんな時も重要なのは脈絡だ。映画の素材として理解できるのか、あるいは笑って見過ごせない社会的脈絡があるのかを探らなければならない。『悲しき獣』[★3](2010)から、『共謀者』[★4](2012)、『新しき世界』[★5](2012)、『海にかかる霧』[★6](2013)、『拳法刑事』[★7](2015)、『アシュラ』[★8](2016)などに続き、興行面でも大成功したマ・ドンソク主演の『犯罪都市』[★9](2017)、や『ミッドナイト・ランナー』(2017)まで、中国朝鮮族はいつも否定的なイメージで描かれている。単純に否定的なイメージに留まらず、残忍な暴力を仕事とするフィクサーや暴力団として登場するのが韓国映画のお決まりだ。

ここに、一部メディアの朝鮮族と中国人への扇情的犯罪報道とが重なり、中国朝鮮族に対する否定的な固定観念はさらに強化された。実際に主要ポータルサイトに朝鮮鮮族と中国人の犯罪記事がアップされると、露骨なヘイト性を帯びるコメントが数多くよせられる。２０１６年に東北アジア平和連帯とコリアリサーチセンターが20〜35歳を対象にアンケートを実施した結果、94％が「韓国人は朝鮮族に対する否定的な認識を持っている」と答えた。

「移民」のステレオタイプについての調査では、[25] 田舎、婚期を逃した独身男性、売買婚、国際結婚、詐欺結婚、若い女性、離婚、嫁、肉体労働、食堂のおばさん、出稼ぎ、苦労、貧しい、工場、不幸、痩せている、手垢、ごつい、えりが伸びたシャツ、堅い肌、垢、かさかさした肌、田舎っぽい、拉致、ほお骨、センペ、肌が黒い、浅黒い、くたびれている、小さな体形、安っぽい、悪臭、香辛料、におい、かわいそう、はばかる、嫌い、怖い、警戒、憂鬱、不快、汚い、事故、刺身包丁、犯罪者、犯罪ニュース、ミッドナイト・ランナー、中国出身の朝鮮族で水原《スウォン》市でバラバラ殺人を犯したオ・ウォンチュン、アウトロー、同胞、臓器売買、中国、東南アジア、朝鮮族、イスラム、善良、素直、中国延辺の方言、萎縮、うるさい、韓国語が下手、純朴、話し方が下手など否定的なイメージが多く、この中の大半は中国朝鮮族を念頭に置いているのが推測できる。

問題になったのは５００万人以上を動員した『ミッドナイト・ランナー』だ。しかし実のところは、これまで溜まっていた不満がこの映画をきっかけに爆発したとみるのが正しい。中国ルーツの朝鮮族が憤り抗議するのは自然なことだ。差別を受けてきた歴史を持ったマイノリティとして、偏見と差別を助長する映画を見てもただ我慢だけしているのは、むしろおかしい。このような状況で「映画は映画として見てほしい」という要請が通じるわけがない。抗議を真摯に受け止めなければならないのだ。

★1 **在韓中国朝鮮族** １９９２年の国交正常化以降、中国に住んでいた朝鮮族が韓国籍や永住権を得て移住するケースが増えている。低賃金労働で働くことも多く、「朝鮮族」という用語自体が彼らを見くだす意味で使われることが多い。肯定的あるいは中立的な意味としては「中国同胞」ということばを使用する

★2 **ミッドナイトランナー** 原題 청년경찰

★3 **悲しき獣** 황해

★4 **共謀者** 공모자들

★5 **新しき世界** 신세계

★6 **海にかかる霧** 해무

★7 **拳法刑事** 권법형사 차이나타운

★8 **アシュラ** 아수라

★9 **犯罪都市** 범죄도시

もちろん、ある特定の映画にヘイト映画のレッテルを貼ったり、上映中止などの強硬な措置を取るのは簡単な問題ではない。一例として、『犯罪都市』の場合、特定地域と中国朝鮮族への否定的な認識を助長する懸念がないわけではないが、映画の中でヤクザと善良な商人に分けられているため在韓中国朝鮮族に対する偏見を助長したとだけ見るには難しい部分がある。『ミッドナイト・ランナー』の場合も、『犯罪都市』よりやや露骨に特定地域＝テリム洞に住んでいる中国朝鮮族を指すシーンがあることはあるが、全体を見ると警察大学の学生たちの成長物語だと見る余地がある。実際、映画制作者たちは偏見を助長する意図はなかったとしている。

しかしヘイト表現の問題において、制作者の意図は(それを刑事罰にするのでないなら)重要ではない。悪意がなかったと言っても悪い効果を生んでいるなら、それ自体で問題になりうる。抗議者たちに映画を映画として見てほしいと求める前に、彼らが映画を映画として見られなくなった事情を推し量らなければならない。映画のような芸術での世界では、からかいや戯画化はよくあることだ。しかしその集団が社会的強者や権力者ではないマイノリティであるときは、話が変わってくる。その否定的効果を十分に考え省察するのが、芸術の領域でも必要とされる倫理だ。

ただこのような問題に映画上映の許容や禁止のような二分法でアプローチするのは問題をゆがめる恐れがある。表現と創作の自由が保障されるべき芸術と文化の領域で安易に「規制」のカードを切るのは、得るものよりも失うものが大きくなってしまう。外部からの強制的な介入は映画の自律性を損なうことにもなる。この選択肢はなるべく避けるべきだ。

それよりは映画関係者自らがヘイトの問題を本格的に議論するのはどうだろうか。映画で扱われるマイノリティの問題、ヘイトの問題について熱を帯びた討論を繰り広げ、コンセンサスができれば、自然と映画でマイノリティを扱うときの倫理が形成されていくだろう。何よりも韓国映画がこれまでマイノリティを扱ってきた方法が、あまりにも偏っていなかったか考えてみる必要がある。

見くだす意図がなかったことを強く弁明するのではなく、意図していなかった効果に無頓着すぎたのではないか反省する必要があるということだ。ありとあらゆる規制よりも、このような公論化の過程のほうがずっと効果的なはずだ。韓国映画界にはそれくらいの力量が十分にあるとわたしは思う。

レッスン5 ヘイトが拡散する背景

「ヘイトで社会問題が解決できる？」

ヘイトの原因と背景

これまでヘイト表現の概念と類型について見てきた。では今日のようにヘイト表現が飛び交うようになった理由と背景は何だろうか。

偏見はヘイトを生む重要な要因だ。偏見がつくられヘイトが広がる背景と理由について見てみよう。ひとつ目は社会文化的な背景だ。社会心理学者ゴードン・オルポートは、偏見が拡散する社会文化的な条件としてつぎの10の項目をあげる。[1]

① 社会構造に異質的な要素が多い
② 垂直的社会移動★1がある
③ 急速な社会変化がある
④ 無知と意思疎通の障害物が存在する
⑤ マイノリティ集団の規模が大きい、あるいは大きくなりつつある
⑥ 直接的な競争と現実的な脅威が存在する
⑦ 共同体の重要な利害関係が搾取によって保たれている
⑧ 攻撃性を規制する慣習が偏見を抱いている人々にとって有利だ
⑨ 自民族中心主義が伝統的に正当化されている
⑩ 融和も文化多元主義も好まれない

これらは1954年に提示されたリストだが、現代社会のいくつかの現象をほぼそのまま示している。韓国では自民族中心主義が今なお影響を及ぼすなかで、移民が絶え間なく増え続けている。競争的な社会雰囲気が存在しているために、このような現象がよりいっそうはっきりと表れているように思う。「2015年国民多文化受容性調査」によると、3人に1人（31・8％）が「外国人労働者・移民を隣人とみなしたくない」と回答した。米国の13・7％、オーストラリア 10・6％、スウェーデン 3・5％に比べ非常に高い数値である。[2]

また韓国統計庁が発表した「2020韓国の社会指標」によると、回答者の57％が、「同性愛者をどんな関係においても受け入れられない」と答えた。性的マイノリティ受容に関する国際比較調査★2（2014-2017基準）によると、韓国は性的マイノリティ世界受容

度が4・9ポイントで、174カ国のうち67位だった。[3] アイスランド(8・9)、オランダ(8・6)、カナダ(8・2)など西洋の国と比べ大きく差が開き、ネパール(7・8)、フィリピン(6・6)、台湾(5・7)、ラオス(5・4)、タイ(5・1)などアジアの国々に比べても低く、日本(4・9)と同じ点数だ。

ふたつ目は、社会経済的な要因である。上記のような社会文化的な条件を持ち合わせているとしても、偏見が常に社会問題として登場するわけではない。もし偏見が人々の心の中にだけにとどまり、ことばや文章にしたり(ヘイト表現)、個人や集団に不利益を与えたり(差別)、暴力を行使(憎悪犯罪)しなければ、それ自体は問題にならない。しかし偏見が、あるきっかけによってものすごいスピードで拡散することもある。その代表的な事例がホロコーストだ。

今日、偏見とヘイト、差別、憎悪犯罪についての多くの理論はホロコーストの経験に基づいたものが多い。ホロコーストの犠牲者たちはユダヤ人と少数民族、障がい者、同性愛者などの多様なマイノリティたちだった。ある日突然、虐殺が始まるのではない。ヒトラーはドイツ人が抱いていたマイノリティへの偏見を巧みに利用し、第一次世界大戦後の失意に陥った国民を扇動した。ユダヤ人などを劣等な存在に追いやり、スケープゴートにして責任を転嫁した。ヒトラーとナチスは、初めはユダヤ人などへの偏見を煽り立ててヘイトを助長し、職を奪い、財産を没収し、露骨な暴力を行使し始めた。そしてついには、ホロコーストは人類史上、最悪の悲劇的な事態にまでいたったのだ。

つまりホロコーストは、マイノリティへの既存の偏見とドイツの社会経済的な危機が結びついて発生したものだといえる。今日、全世界的にヘイトが拡散しているのも社会経済

★1 **垂直的社会移動** 社会学の基本概念である社会移動の一形態。個人や集団あるいは価値などのような社会的事実が、一定の社会的地位から他の社会的地位へ移動すること(たとえば社会的階層を異にする家族間の婚姻による移動、また宗教やモラルなどの社会的価値や規範の変化などもこの概念によって分析することができる)

★2 **性的マイノリティ世界受容度** LGBT Global Acceptance Index score

的な危機と密接にかかわっている。米国とヨーロッパの社会経済的な危機は移民、ムスリム、アジア人への敵対心として表れている。日本のネット右翼は、在日コリアンと部落民に日本の社会経済的な問題を責任転嫁する。[4] 韓国も1997年の通貨危機以降、市民の社会経済的地位が徐々に下がっており、その責任を女性、移民、難民、性的マイノリティなどに転嫁する雰囲気が広がっている。

社会経済的な危機が必ずしも経済的な難しさだけを意味するのではない。自然災害、社会的惨事、戦争、パンデミックの状況でも似たような出来事が起こる。ペストが大流行したときに起きた魔女狩り、1900年代初めにスペインかぜが蔓延したときの外国人ヘイト、1923年関東大震災と2011年東日本大震災が起きたときの嫌韓の拡散[5]などが代表的だ。

2020年新型コロナウイルス感染症の感染拡大により、ヨーロッパと米国ではアジア人へのヘイトが急増しているのも同じ脈絡で見ることができる。

米国の哲学者マーサ・ヌスバウムはこれを「恐れ」というキーワードで説明している。社会経済的な危機に陥った人々が恐れを抱くようになり、この恐れが特定の個人や集団を非難し、他者化へつながり、報復によってその恐れが解消されると錯覚するようになるのだ。このとき恐れによる無力感が解消され、問題があたかも解決されたかのように安堵してしまうとヌスバウムは分析する。実際、経済的な不平等が深まったり、戦争や災害、感染病などで生活の危機が迫ったとき、人々は虚脱感、猜忌、不満、怒り、憂鬱、不安、攻撃性、否定的な自己評価、低い自尊感情などの状態に陥りやすいという。問題はこのような恐れを解消する明確な代案や問題解決の方法がないことだ。現代社会の社会経済的危機を克服する分かりやすい答えは存在しない。戦争や災害、感染病の時期でも差し当たって明確な出口が見えない場合がほとんどだ。このとき人々は、自己利益や安全にさらに執着するようになり、自分または自分たちの集団を守らなければならないという思いが強くなる。わたし／わたしたちを特権化し、責任を転嫁し、非難し、攻撃する対象を探すようになるが、このとき普段から偏見を持っていたマイノリティたちがその対象になるケースが頻繁に起こる。これが、偏見がヘイトに結びつく典型的な姿だ。

ネットの「集合知」がフェイクを生む

三番目にメディアの影響を挙げられる。ユダヤ人などへの偏見がホロコーストにまで至るには、政治的な扇動によって国民を惑わしたヒトラーが重要な役割を果たした。問題の原因をでっち上げ、特定個人・集団のせいにした論拠をつくり出し、大衆の好みに合うように広め、これによって政治的な支持を獲得したのだ。

しかし今日においては、ヒトラーのような特定の扇動家個人に頼る必要はない。その当時、ヒトラーは噂を広め、ビラを配り、数十万名を広場に集めて演説をしなければならなかったが、今はインターネットという簡単な手段があり、さまざまな人がヘイトの助長に便乗することができる。実際フェイクニュースは、ある個人が作り出したりもするが、インターネットの「集合知」がフェイクニュースを生みだし、拡散させる。このような過程で、ヘイトの論理がさらに広範囲に、速いスピードで広がっていく。

日本のネット右翼がインターネットを通じて影響力を強めていき、韓国でヘイトが本格的に問題になったのが「日刊ベスト貯蔵所《イルベ》の掲示板」だったのは決して偶然ではない。インターネットは、自由な討論が行きかう開かれた場所の役割を担うこともあるが、二分法による単純なヘイト論理が広がりやすい空間でもある。ネットは短い文章、見やすく視覚化された画像によって、ものごとを単純化させ、自分と他者を線引きし、敵対視したり、スケープゴートにするのに優れた媒体だからだ。

ここで昔からのメディアである放送や新聞がヘイトを傍観したり、そのうえ助長するようになれば、さらに速いスピードで社会のいたるところに広まっていく。

最後に政治の問題だ。政治がヘイトを利用し始めると、手の打ちようのない危険な状態におちいる。マジョリティの得票に依存する現実政治の本質ゆえ、政治家たちはいとも簡単にヘイトを政治的に利用する誘惑に負けるのだ。移民、ムスリム、性的マイノリティ、女性などへの偏見を利用して、「わたしたち」の利益と安全を守るため、マイノリティである「あいつら」に対する怒りを作りあげる。

ヘイトを利用する政治家たちは、既存の政府が多数の平凡な人々ではなく少数の特権層だけのための政策を推進していると批判し、移民融和政策、多文化政策、各種マイノリティの優遇政策などに反対する。これを「より排除された者」を利用して「あまり排除されていない者」を動員する現象として、「右派ポピュリズム」と呼ぶこともある。[7]

イギリスのEU離脱（ブレグジット）や米国トランプ大統領の当選に代表されるように、ヨーロッパの極右政党のほとんどはこのような右派ポピュリズムに基づいている。EU28カ国のうち24カ国の極右政党の平均得票率は7・5％（2010－2018年）におよび、政権をとった国も存在している。[8] このような極右ポピュリズム政党が勢力を広げたりヘイトと妥協したり傍観する政治は、ヘイトをさらに煽ることになる。実際、イギリスのEU離脱やトランプが当選して以降、憎悪犯罪が増えたことが報告されている。

反対に政治のメインストリームがこのようなヘイトに断固として一線を画すと、ヘイトが拡散する可能性はへる。少なくとも政治の主流舞台にヘイトがのさばらないことが明らかになれば、ヘイトはコップの中の嵐にとどまらざるをえない。政治がヘイトをなくすわけではないが、最小限にその威力を制限したり弱める役割を担うことはできるのだ。

ヘイトが拡散する仕組み

ヘイトが拡散する仕組みをもう少し簡単に整理すると次のようになる。社会経済的危機または災害、戦争、パンデミック時代が到来すると、人びとは不安や恐怖心を抱くようになり、自分の利益や安全について極端に執着する傾向が出てくる。この危機を突破するためにスケープゴートを探し出し、それがふだんから偏見や拒否感をもっていた集団への露骨なヘイトへとつながっていく。わたしとわたしたちが生きるために、あいつらを暴きたてなければという考えにいたるのだ。フェイクニュースと極右政治家の扇動はこのような信念をさらに強化し、スケープゴートになった集団へのヘイト、差別、暴力が正当化される。

このようにヘイトが極端化する主な原因は、なにより「自分の利益」と「安全」だ。「外国人労働者たちが職を奪う」、「同性愛によってエイズ感染が急増すれば、10年以内に全国民は深刻な税金爆弾[★1]を食らうにちがいない」、「5・18光州民主化運動の功労者は国家試験で

★1 **税金爆弾** 爆弾をあびるように過度に税金があがること

点数が上乗せされているから、公共機関のポジションをほぼ独占している」、「女性クォーター制[★1]、各種女性政策、男性への兵役義務などによって、若い男性が逆差別されている」などの話が、普通の人たちを刺激する。

自らの利益を守るために、外国人労働者、同性愛者、5・18の功労者、女性への攻撃が正当化されるのだ。安全問題もヘイト扇動の常套句だ。「身分が不確かで犯罪をおこす可能性がある不法滞在中の外国人労働者を潜在的犯罪者とみなし、全員を永久追放しなければならない」、「フランスの難民暴動のような事態を防ぐためには、イスラム難民を追放しなければならない」、「(難民)アラブ人は強姦を遊びみたいに楽しんでいる」といった扇動は、ヘイトを安全のための正当な自己防衛へと転化させる。

ヘイトは社会問題を解決してはくれない

しかしながら、ヘイトは人々が提起する問題を決して解決してはくれない。つまりヘイトによって自身の利益を守ることはできず、安全を保障することもできない。ヘイトに油を注ぐ扇動は事実のごく一部を誇張し捏造するだけで、問題の核心とはなんの関係もない。

実際、外国人労働者の職は国内労働者の職とは衝突しないし、実のところ多くの国々が外国人労働者の労働力に依存する社会になって久しい。米国の競争力が活発な移民の流入にあることは周知の事実であり、ヨーロッパの移民政策が少子・高齢化問題の解決のためのものであることもまた、今となっては公然の事実だ。移民に消極的だった日本も、このところ外国人労働者の受入れに積極的に乗り出している。韓国でも保守政党「国民の力」

のキム・ジョンイン非常対策委員長までもが、韓国の世界最低水準の合計特殊出生率（0・84）の問題を解決するためには、移民政策が必要不可欠だと言及しているほどだ。移民は先進国の空白部分を補っているだけで、自国民の利益とぶつかっているのではない。もちろん特定のいくつかの領域で部分的に職を巡り競争することがあるかもしれないが、だからといって移民に敵対し排斥するかたちで解決する問題ではない。

同性愛者への漠然とした拒否感が「同性愛だから」多くの問題を生みだすという不安感を煽っているが、同性愛を受け入れている国々では何の問題もなく共生している。

光州民主化運動の功労者は報勲対象者[★2]として就業時に点数を加算されているのは事実だが、光州民主化運動の功労関連者は報勲対象者全体の0・5％にすぎない。報勲対象者84万人のうち約4300人にあたる5・18功労者が「独り占め」をしているなど、そもそもありえないことだ。

以前に比べて女性の社会進出が増えたものの、OECDの女性雇用指標によると、韓国女性の経済活動参加率は60％、雇用率は57・8％で、OECD37カ国のうちそれぞれ33位と31位にとどまっている。[9] 特に30代に入ると雇用率が下落する。これは育児負担によるキャリアの中断がいまだに深刻な問題であることを示唆している。このような状況で女性の雇用を支援する政策は今なお必要とされており、これを逆差別だとか男性の職を脅かすと見るのは妥当ではない。

もちろんこのようにヘイトが拡散する理由は、明らかな対案がないからだ。現代人が抱えるさまざまな問題を画期的に解決してくれる方法はまだまだ霧の中にある。それにつけこむヘイトがうごめいてはいるが、社会問題はヘイトでは決して解決されないことを肝

★1 **女性クォーター制** 意思決定場における男性優位を是正するために、一定比率を女性に割り当てる制度。韓国では2000年代に入って政党や企業でこの制度を実施することを勧奨しているが、実際にはまだ浸透していない

★2 **報勲** 国家の主権を守護・回復して体制を発展させるのに貢献した功労者と、その遺族に対する補償。1961年に国家報勲処が設立された

に銘じなければならない。

レッスン6
ヘイト表現が憎悪犯罪を生む

「わたしはぐうぜん生き残った」

2015年6月、米国サウスキャロライナ州チャールストンの教会で、銃乱射によって9名の黒人が死亡した。犯人は21歳の白人で黒人を意図的に狙ったものと伝えられた。韓国でも黒人などマイノリティを狙った残酷な犯罪が頻発していると報道されており、これを「憎悪犯罪」または「ヘイト犯罪」と呼ぶという事実も広く知られている。特にドナルド・トランプが大統領に当選してからは、ヒスパニック、黒人、ムスリムのようなマイノリティ人種や性的マイノリティなどを狙ったヘイト表現が絶え間なくあふれ、マイノリティに対する物理的な暴力も増えたという。米国の南部貧困法律センター★1によると、トランプ当

★1 南部貧困法律センター Southern Poverty Center

選後、数百件を超える憎悪犯罪《ヘイトクライム》の申告があり、性的マイノリティの団体にかかってきた憎悪関連の申告電話も史上最高のレベルに達したそうだ。

　憎悪犯罪というのは障がい、人種、宗教、性的指向、性別、性別アイデンティティなどを理由に、敵対心あるいは偏見が動機になった犯罪を意味する。すなわち、暴行、殺人など既存の犯罪をおかす動機が偏見[★1]に基づいた場合を、憎悪犯罪と呼ぶのだ。つまり、ただ殴れば暴行だが、相手が女性という理由で、ムスリムという理由で、同性愛者という理由で殴れば憎悪犯罪になる。ほとんどはその理由として、人種、性的指向、宗教、障がい、性別アイデンティティ、ジェンダーなどがあげられるが、国ごとの特殊な事情により、学歴、職業、政治関係、イデオロギーなどが理由になる場合もある。

　２０１５年アメリカＦＢＩの統計を見ると、年間５８１８件の憎悪犯罪の中で人種を理由にしたものは59・2％、性的指向は17・7％、宗教は19・7パーセント、ジェンダーアイデンティティ（性自認）は1・7％、障がいは1・2％、ジェンダーは0・4％を占めている。[1]　２０１４年と２０１５年のイギリス（イングランド、ウェールズ）政府の統計によると、５万５５２８件の憎悪犯罪のなかで、人種を理由にしたものが82％、性的指向は11％、宗教は６％、障がいは５％、トランスジェンダーは１％を占めた。[2]犯罪対象が人ではない場合もある。たとえばムスリムへの憎悪によって、ひとけのないイスラム寺院に対してであってもテロを起こすのは憎悪犯罪だ。ソウル大の性的マイノリティの学生を歓迎する横断幕が毀損された事件も、憎悪犯罪に分類できる。２０１５年アメリカでは所有物に対する憎悪犯罪が年間２３３８件発生した。

憎悪犯罪とは何か

前述したように、憎悪犯罪かどうかを見分けるのは「偏見の動機」である。例えば「被害者や被害者が属した集団の評判や名誉を損傷する意図をもって書いたもの、話したこと、象徴、対象、または行為が犯罪に先行したり、随伴したり、後に続く場合」（フランス刑法132-76、132-77条）、「加害者が犯罪を犯したり、犯行直前または直後に、被害者に向かって被害者の人種的、宗教的な所属集団に基づいた敵愾心を表した場合」（イギリス犯罪と秩序破壊法28条）が憎悪犯罪と見なされる。憎悪犯罪はある集団に対する偏見から発生するため、犯罪対象はその集団構成員の中から選ばれる。誰かが特定されることもあるが、無作為に選ばれたりもする。人だけではなく、その集団を象徴する建物やものも対象になる。そのため憎悪犯罪が発生すれば、その集団構成員が集団的に「わたしも犯罪の対象になりうる」という恐怖にかられるのだ。その点で、憎悪犯罪はいわゆる通り魔犯罪とは違う。ただ誰でも良いのではなく、偏見を理由にしてターゲット集団の構成員のなかの誰かが対象になるからだ。

だとすれば、偏見動機があるかどうかはどのように判断するのか。人の心の中に入り込むことはできないため、動機を推定するしかない。まず犯罪対象が、特定マイノリティやある象徴的な場所かどうかというのが証拠になりうる。例えばムスリム寺院に石を投げればムスリム憎悪に基づいた犯罪であることが疑える。なぜほかでもない、ムスリム寺院を対象としたかが重要な手がかりになる。２０１６年６月米国のフロリダ州オーランドで50名の死亡者を出した銃乱射事件の場合、「パルス」というゲイクラブを犯行場所にし

★1 **偏見** bias motive

たという点から、憎悪犯罪が疑われた。犯行前後の状況も重要だ。犯人が事件を起こす前に周りの人たちと交わしたことば、最近読んでいた本や見ていた映画、よく訪問するインターネットサイトなどが重要な手掛かりになる。ヘイト組織に加わっていたり、犯行後に何らかの宣言文を読み上げたとすれば、それがさらに決定的な根拠になる。ヘイト団体が組織的に憎悪犯罪を犯すことも多い。アメリカ南部貧困法律センターによると、米国のヘイト組織数は917団体にのぼる。[3]

わたしかもしれなかったという恐怖心

ではなぜ憎悪犯罪を特別に問題にするのか。ヘイト表現とは違い、憎悪犯罪は憎悪犯罪として分類されなくても、それ自体で処罰できる犯罪でもある。最大の理由は、憎悪犯罪の危害が重大であるためだ。憎悪犯罪は被害者集団に「おまえたちも被害者になりうる」と警告するのと同じだ。これは被害者集団が平等な社会構成員ではないことを告げるもので、差別と排除を公然と予告しているのだ。例えば性的マイノリティを歓迎する横断幕を毀損したのは、「ここは性的マイノリティが平等な待遇を受けられる場所ではない」ということを知らせるためだ。ことばで直接「言う」こともできるが、横断幕の毀損という「犯行」を通じ、象徴的に表現したのだ。実際に憎悪犯罪が起これば、その被害者たちは集団的に被害を共有する。自分がいつでも被害者になりうるという事実に、大きな恐怖心を感じて萎縮する。ヘイト表現や憎悪犯罪の波及力はとても似ているのだ。

偏見、ヘイト、ヘイト表現、そして憎悪犯罪は互いに密接につながっている。ヘイト表現をする人が、憎悪犯罪をも犯す。ヘイト組織では、ヘイトも流布し、憎悪犯罪も計画する。ヘイトが存在する社会ではヘイト表現も生まれるし、憎悪犯罪も頻繁に起こるのだ。ヘイト表現は偏見をことばや象徴として表現するが、憎悪犯罪は物理的な暴力を行使するという違いがあるだけだ。したがってヘイト表現と憎悪犯罪は表れるかたちが違うだけで、原因と背景が同じであるために同じ脈絡で理解されるべきで、その対応策も重なる部分が多くならざるをえない。そのため、ヘイト表現と憎悪犯罪は同じ脈絡で扱われるべきだ。

江南《カンナム》駅事件と女性憎悪犯罪

韓国社会の憎悪犯罪に関する論争は、2016年江南駅女性殺害事件をきっかけに沸き起こった。この事件が「女性憎悪犯罪」なのかどうかについては論争があったが、それを問うためには、犯行前後の状況や加害者の過去の行いなどをもとに、犯行の原因が女性に対する偏見に基づいたものなのかを見る必要がある。事件前後の状況については十分な情報がない状況のため、女性憎悪犯罪だと断言しにくいが、この事件が一般的な憎悪犯罪事件と似た流れで展開されたという点は明らかだ。

憎悪犯罪は被害者が属している集団に、差別と暴力にさらされうることを警告するもので、これにより被害者が属していた集団が、集団的に恐怖にかられる。江南駅女性殺害事件の後、女性たちが見せた反応はこれと同じものだった。残された追悼メッセージにあった「わたしはぐうぜん生き残った」は、この事件の本質を正確に示すものだった。

またこの事件が女性に対する偏見、差別、暴力の脈絡で起こったもので、この事件をきっかけにさまざまな女性関連の課題が提起され始めたことから、この事件を女性ヘイトの脈絡で読み解けるという理由は十分にありうる。厳密な法的、犯罪学的基準に従えばこの事件を憎悪犯罪に分類するのは難しいとしても、この事件が女性ヘイトの脈絡を持っており、憎悪犯罪的性格を帯びた犯罪だと見ることに無理はない。だとすれば法的定義と関係なく、社会的な意味でこの事件を「女性憎悪犯罪」だと命名することも十分に可能である（「いま現在、この場所」韓国のヘイト論争4で詳しく扱う）。

韓国社会の「立場」が必要だ

憎悪犯罪に対するもっとも直接的な対策は、憎悪犯罪法の制定だ。他の主要国が採択した方式である。憎悪犯罪法を制定するもっとも大きな理由は、憎悪犯罪を可視化できることだ。普通は憎悪犯罪を加重処罰することで可視化されるが、[4] 憎悪犯罪統計を集計し対策を準備するよう法に定めて可視化する方法もある。[5] 法を通じ憎悪犯罪の深刻さについて社会的な認識を高め、国が憎悪犯罪に積極的に対応しているというメッセージを送ることで社会を安定させるのだ。理論的には、憎悪犯罪は被害者に多大な傷を与えるもので、社会に対する害悪も非常に大きい。そして犯罪者の偏見動機それ自体が、よりいっそう非難される可能性が大きいため、憎悪犯罪の加重処罰は正当化される。

しかし憎悪犯罪法の制定よりももっと重要なのは、憎悪犯罪に対する韓国社会の立場だ。憎悪犯罪法の制定は偏見、差別、ヘイトに立ち向かい、すべての人の尊厳が保障される社会へと踏み出す過程の一部に過ぎず、それ自体が目的ではない。偏見がヘイトに、ヘイトが差別と暴力に変わるのは一瞬だ。ヘイト表現がなんの制止も受けず、国としての対応も失敗した状況であれば、今すぐ「憎悪犯罪」が起こると言っても過言ではない。白昼堂々と、性的マイノリティや移民だという理由で、あるいは精神疾患があるという理由で、集団リンチを受けるという悲劇的な事態が、だんだんと「差し迫った」現実になりつつある。

社会のヘイトと差別は簡単に拡散し、強固なものになる。インターネットとスマートフォンによってさらに広範囲に、より速く伝播する。昨今のような社会への不満が大きくなりうる社会や経済状況の中で、差別とヘイトはカウントダウンに入った時限爆弾と同じだ。差別とヘイトが物理的暴力につながるのは「一瞬のうち」だというのは、すでに十数年前に韓国と同じ状況に直面した国が共通して経験している。悠長に構えているわけにはいかない。一刻の猶予もないということを心に刻み、ヘイトと差別に立ち向かい闘う時期が来ているのだ。

「いま現在、この場所」**韓国のヘイト論争4**

江南《カンナム》駅女性殺害事件は女性嫌悪犯罪なのか？

2016年5月17日深夜1時、ソウル江南駅近くのトイレでひとりの女性が殺害された。犯行動機の中には女性に対する嫌悪《ヘイト》があったと伝えられた。女性たちはこの事件を、すぐさま「自分自身の問題」ととらえ「集団的」な反応を見せはじめた。事件現場の近くには、被害者を追悼するメッセージが貼られ、ネットでもその熱気が続いた。家から出るのさえも怖いが、何かしらせずにはいられないと続々と現場に集まった。生き残った者たちの連帯が始まったのだ。彼女たちは連帯を通じてそれまで心の中にしまっておいたことを話し始めた。女性への日常的なからかいと見くだし、露骨な差別と敵対、そして大小さまざまな暴力にいたるまで、それまで公にならなかった話があふれ出てきた。彼女たちはこれ以上、やられるばかりの沈黙のマイノリティではなかった。

江南駅女性殺害事件が発生したとき、誰かがこれを「女性嫌悪犯罪」と呼び、女性嫌悪はこの事件を規定する重要なキーワードになった。しかし、一部の専門家はこの事件を女性嫌悪犯罪ではないとし、警察も女性嫌悪犯罪ではないという捜査結果を発表した。すると女性嫌悪論が気に入らない一部の男性たちの反撃が始まった。彼らは、「ありもしない女性嫌悪犯罪」を理由にムダな対立と葛藤を助長しているという不満を表した。レッスン6で説明したとおり、ヘイト犯罪かどうかは犯行前後の状況や加害者の過去の行動などをもとに判断する。加害者が、犯行後に「女性たちがわたしを無視したので犯行に及んだ」と言ったのは、犯行の理由が女性嫌悪である可能性を示している。

しかし韓国には憎悪犯罪法がない。刑事政策当局も、ヘイト犯罪に対する特別な判定基準を持ち合わせていない。そんな状況にもかかわらず韓国にはヘイト犯罪がないと言ったり、江南駅女性殺害事件はヘイト犯罪ではないと断言するのは適切ではない。

「女性嫌悪犯罪は学術・専門的な部分もあり、初めて接する用語であるため正確に立場を表明できない」（ハン・ジュンソプ瑞草警察署刑事課長＝当時）と言うならまだしも、「女性嫌悪犯罪ではない」（カン・シンミョン警察庁長官＝当時）と断言するのはあんまりだ。警察庁長官の発言はこの事件を統合失調症患者の犯罪に収めようとする一部の流れと合わさり、事件の本質を歪曲するのにも寄与した。

ここで犯行前後の状況や犯罪者個人に対する詳しい情報なくして、ヘイト犯罪の可否を論じ続けるのは無理がある。しかし法や実務、そして学界が何と言おうと、この事件には女性嫌悪的な側面がある。もし偏見の動機が支配的ではないため法的にヘイト犯罪が成立しなかったとしても、わたしたちは女性嫌悪の問題を提起できると言いたい。

特に印象的だったのは江南駅事件後の女性たちの反応だ。当時、江南駅10番出口に貼られた数多くのメッセージは、この事件の本質をよく表している。京郷新聞社会部の記者たちがこのメッセージ１００４枚を撮影し、ひとつひとつ分析した。[6] もっとも多かったのは追悼で、その次は自嘲、罪責感、負い目、恐怖だった。「わたしはぐうぜん生き残った女性だ」というメッセージは当時女性たちが感じていた問題意識をよく表している。江南駅周辺のトイレというきわめて日常的な空間で、ひとりの女性が犯行の対象になったが、わたしもいつもそんな危険を感じてきたと、わたしが犯行の対象にならなかったのは、単に偶然だったと吐露したのだ。そのため女性たちはさらに恐怖を感じ、さらに怒りを感じざるをえなかった。

この事件をきっかけにセクハラ、性暴力、家庭内暴力、デート暴力など女性に対する日常的な暴力の問題に、再び火がついた。

これはヘイト犯罪が起こったときに表れる一般的な流れととてもよく似ている。アメリカで黒人をターゲットにした犯罪が起これば、黒人たちが集団で反応する。江南駅事件では韓国女性たちが集団で反応を見せた。彼女たちは恐怖を感じ、怒り、集団で抗議した。これをめぐり韓国社会の女性嫌悪問題を読み解くのはきわめて当たり前のことだった。どんなことばでこの事件を規定しようと、多くの女性たちがどうしてこんなに反応するのか、その奥底にある恐怖と怒りがどこに起因するのかを見るべき理由が出来たのだ。被害者が属していた集団全体に加えられた衝撃と恐怖は「わたしはぐうぜん生き残った」ということばによって正確に表現されており、女性嫌悪という問題が議論され始めた。女性たちが見せた組織的で集団的な反応は韓国女性たちがこれまで差別され抑圧されてきており、「マイノリティとしての集団的アイデンティティ」を持っていることを立証したのだ。

江南駅事件は「真空状態」で起こった偶発的な事件ではなく、女性嫌悪と女性暴力が蔓延した社会現実から起こったひとつの悲劇的な結果だ。ヘイトと差別がある場所にヘイト表現が生まれるのは当然なことで、ヘイト犯罪の危険が常に潜んでいる。[7]性的マイノリティへのヘイトが蔓延した場所では、性的マイノリティに対する暴力が、また移民者への差別と敵対心がある場所では移民者に対する暴力が起こる可能性が高い。このようにヘイト、差別、ヘイト表現、ヘイト犯罪はひとつのメカニズムで動く。ヨーロッパがヘイト表現を「表現」段階で先取りして禁止した理由は、ヘイトの意識が表現される瞬間、いつでもそれが具体的な「行為（差別と暴力）」に結びつくのを憂慮したためだ。

そういった意味でも、江南駅事件を「女性嫌悪犯罪」と呼ぶことは可能だ。名付ける権限を国や特定の学問が独占する理由はなく、国や学界が定めたものに倣う必要もない。江南駅事件でも女性嫌悪の問題意識を読み解くことができれば、それはいくらでも女性嫌悪犯罪と言えるのだ。用語の混乱を避けるため、女性嫌悪「的」犯罪、女性嫌悪を「背景とした」犯罪とも言えるだろう。これは正しい正しくないという問題ではなく、新しい談論が作られる過程における戦略的選択の問題に過ぎない。言語の「独り占め」を重視し、女性嫌悪犯罪という命名をあきらめないことにも一理あり、不要な概念論争を避けるために核心に集中するのも方法だ。

個人的には、女性嫌悪犯罪と命名したのはそれなりに成功だったと思う。「女性嫌悪犯罪」と規定するのは無理だという主張もあるが、反対にそのように規定しなければ、この重要な論争がここまで公論化されただろうか。

反対に、女性嫌悪犯罪ではないと主張してこの事件の意味を何とか縮小させようとする人たちに聞きたい。韓国社会が「真空状態」であれば、加害者がわざわざ『女性たちにいつも無視されて犯行に及んだ』と陳述し、わざわざ女性を犯行対象に選ぶだろうか。そして何よりも女性たちが集団で激しい反応を見せるだろうか。

厳密な学問的、実務的な概念によって女性嫌悪犯罪ではないと仮定してみよう。だとすれば、この事件について女性たちが見せた反応の意味を過少評価しても良いのだろうか。女性たちが訴えた日常的なヘイトと差別の問題が常に物理的な暴力に結びつく可能性を、無視できるだろうか。この質問を無視することができないのなら、生き残ったわたしたちみんなに、この問題を一緒に悩むべき倫理的、市民的責務があるのだ。

たとえるなら、わたしたちは大規模な噴火によって地中に巨大なマグマが流れているという事実を確認したのと同じだ。だとすればそのマグマを取り除くべきだ。マグマの存在を確認した以上、火口だけをふさいでも、あまり意味はない。男性たちの認識の底にある女性嫌悪は、殺人と同じ凶悪犯罪として表出されるわけではない。女性嫌悪は性的対象化、セクハラ、ヘイト表現、雇用・サービス・教育などでの差別、ストーカー、デート暴力、暴行、性暴行、そして殺人にいたるまで実に多様な領域で、多様なかたちで表れる。

このような状況で「治安強化」にだけ集中するのは明らかに限界がある。治安強化は表面的に過ぎず、たとえ一定の効果があったとしても、日常の大小さまざまな危険を防げないからだ。

レッスン 7

ヘイト表現と歴史否定は関係するか？

「日本の植民地？　神の意思だよ。」

「神はなぜ、この国を日本の植民地にしたのか」と我々は心の中で抗議することもできるだろう。さっき言ったとおり、神の意思があったからだ……

——ムン・チャングク首相候補

朴槿恵《パククネ》政権下の2016年、ムン・チャングク候補はこの発言によって首相選に落選した。反民族的な親日歴史観を持った者に、首相職を任せられないという世論が彼を落選へと追いやった。

5・18光州事件は金大中《キムデジュン》が起こした内乱事件だという1980年の判決に同意する。北朝鮮の特殊軍が派遣され、組織的な作戦指揮をしたはずだと思っている。

――チ・マンウォン（システムクラブ代表）★1

5・18光州事件★2に対する内乱陰謀説や北朝鮮介入説が虚偽であるという点は、すでに確認済みの事実だ。これ以上、議論の余地がない話である。ムン・チャングクは退き、チ・マンウォンの主張は社会で論破されたため、問題はすでに解決したと言っても過言ではない。しかし問題はこれで終わらなかった。このような発言をした人を処罰しようという声があがったからだ。

歴史歪曲を処罰する法

2014年6月、ムン・チャングク首相候補の発言を受けて発議された法案の公式名称が「日本帝国（日帝）植民支配擁護行為者処罰法案」だ。[1] 代表発議者は、これを自ら「ムン・チャングク法」と呼んだ。チ・マンウォン代表は名誉毀損で訴えられたが、2013年に大法院（最高裁）で無罪判決を受けた。被害者が特定されず、名誉毀損が成立しにくいという理由からだった。このような法的空白を避けるため、5・18民主化運動に対する歴史歪曲を処罰する法案が発議された。[2] ふたつの法案には歴史を歪曲する発言を処罰するという共通点がある。これ以外にも「日帝侵略行為の否定を処罰する法案」[3]、「反人倫犯罪・民主化運動否認を処罰する法案」[4]も発議された。まだ国会を通過していないが、関連法案が絶えず提出されているため、依然として現在進行形である。これらの法はおおよそ次のような行為を処罰する。

- 日本帝国主義の支配または同時期の親日反民族行為を賛美したり正当化する内容によって歴史的事実を捏造し流布する行為
- 国家存立や自由民主主義的な基本秩序を乱す可能性があることを知りながらも民主化運動を否認・歪曲・捏造する行為
- 新聞、放送や各種出版物または情報通信網を利用し、5・18民主化運動を誹謗・歪曲したり事実を捏造する行為

これらの法が禁止するのは、歴史を否定・否認するもので、このような行為を「歴史否定罪」または「歴史否認罪」と呼ぶこともある。そして「歴史的記憶に関する法」★3に分類されたりもする。2007年、欧州連合（EU）では、加入国に宗教的、人種的ヘイト扇動の処罰を要求する決議と条約を採択し、ドイツ、オーストリア、フランス、チェコ、ポーランドなど14カ国にはホロコースト否定を処罰する明示的な立法がある。実際にこの法により処罰されたケースは少なくはなく、懲役が宣告されるケースもかなりあった。代表的な事例として、1970年代にナチスのガス室、ユダヤ人虐殺、ヒトラーの殺人命令などを否定し処罰された歴史学者ロベール・フォリソン★4が挙げられる。

★1 **システムクラブ**　極右論客として知られているチ・マンウォンが運営するサイト。本人が米国海軍大学院でシステム工学を専攻したことから、システマイズされた社会建設を目指すためにこのサイト名が付けられたという

★2 **5・18光州事件**　光州事件。1980年5月に光州市で起こった、民主化を求める学生や市民の蜂起と、それに対する軍部の武力鎮圧の総称。これに端を発する80年代の運動を「5・18民主化運動」とも呼ぶ

★3 **歴史的記憶に関する法**　memory laws

★4 **ロベール・フォリソン**　Robert Faurisson

歴史否定罪：ヨーロッパホロコーストの場合

唐突に歴史否定について話し始めたのは、歴史否定がヘイト表現と緊密な関係があるからだ。韓国で提出されたこれまでの歴史否定罪法案の提案理由として、そのほとんどは「ヨーロッパでは歴史否定を処罰する」というのが核心論拠として提起され、メディアもこの点をとりわけ強調している。[5] しかしヨーロッパの歴史否定罪と韓国の歴史否定罪には、その背景と立法趣旨、目的などに多少の違いがある。

まずヨーロッパの国々がすべての歴史否定を処罰しているわけではない。そのほとんどはホロコーストに対する否定を罰している。ホロコーストは人類史上最悪の犯罪行為だ。そしてそのことへの深い反省により、国連やEUのような平和と人権を志向する国際秩序が誕生した。ホロコーストという歴史的事実を否定するのは、このような国際秩序の大前提を否定するのと同じだ。特に民族間の紛争を踏まえ統合の時代を切り開いたヨーロッパでは、この問題をより深刻に受け止めざるをえない。しかし重要な事件に対する歴史的真実を否定すること自体を犯罪化することはできない。歴史的真実そのものが問題なら、ホロコースト以外の重要な歴史的真実のリストも、増え続けるだろう。

ホロコーストなどのジェノサイドは単純に数人を殺したという意味ではなく、人種、理念などを理由に特定集団の構成員を大量虐殺するということを指す。これがジェノサイドを民族浄化[★1]と呼ぶ理由である。何の脈絡もなく特定の人種集団を虐殺するわけはない。その集団をヘイトし、差別し、排除してきた歴史があり、そのような脈絡の中できっかけが与えられれば、その集団に対する暴力、そして究極的には虐殺がほしいままに行われるのだ。

ホロコーストは昔から存在してきた反ユダヤ主義[★2]がナチスにより政治的に悪用され、極端なユダヤ人虐殺につながった。ホロコーストではユダヤ人だけが虐殺されたのではない。他のマイノリティ人種集団と障がい者、同性愛者、宗教的なマイノリティも数十万名近く虐殺された。ホロコーストはマイノリティたちに対する虐殺だったのである。

問題は、このような大量虐殺が段階的に発展していくのではないという点だ。マイノリティ人種に対する偏見が差別、暴力、虐殺という単線的な進化をするのではなく、いつでも段階を飛び越えて一気に暴力に結びつきうるからこそマイノリティへのヘイト表現を規制するのだ。ホロコーストなどジェノサイドに対する否定をヘイト表現と見なすのも、そのような発言が実際の差別や暴力につながる危険があるからだ。[6] ネオナチと極右勢力が勢いを得ている西ヨーロッパや、民族的、宗教的紛争が絶えない東ヨーロッパの現実がある中でホロコーストなどのジェノサイドがあった事実を否定することは、現実的な危険だと見なされうる。

処罰をよしとすべきか?

しかし歴史否定罪に対する批判も侮れない。イギリス、イタリア、北ヨーロッパの国家には、ホロコースト否定[★3]を処罰する法は存在しない。これらの国々はホロコースト否定に関する欧州連合(EU)の共同決議が出されたときも、扇動的要素がない意見への処罰に反

★1 **民族浄化**
ethnic cleansing

★2 **反ユダヤ主義**
anti-semitism

★3 **ホロコースト否定**
holocaust denial

対した。

ピーター・シンガー[★1]やノーム・チョムスキー[★2]のような著名学者らをはじめ、学界では学問的意見に対する処罰に否定的な人が少なくなかった。歴史的事実の有無は歴史家と市民社会の討論に任せなければならないからだ。

処罰の効果が満足と言えるものではないのも問題だ。ヒトラーの『我が闘争』を禁書にしている国もあるが、そうではない国も多く、いくらでもこの本を買い求めることができる。国境を越えインターネットを通じて駆けめぐるホロコースト否定論を規制するのは、さらに難しい。規制範囲を定めるのも難しい。範囲を狭めると、学問的意見にかこつけて歴史否定を提起してくることを罰しにくい。巧妙なかたちの歴史否定が増えたりもする。だからといって規制範囲を広げすぎると表現の自由が萎縮する恐れもある。他の歴史的事実に対する否定はさておき、ホロコースト否定だけを処罰することに疑問も呈される。最近、中東とイスラム圏の一部地域では、ホロコースト否定に対する西欧の強硬対応がシオニズム[★3]をたきつけているという批判も提起されている。彼らはムハンマドを風刺したデンマーク新聞の風刺画掲載が「表現の自由」だと擁護されるとすぐに、ホロコースト否定はなぜ表現の自由に当たらないのかと抗議した。

歴史否定の危険が誇張されているという批判もある。実際、ホロコースト否定論者たちが露骨に「民族浄化」を扇動することはほとんどない。600万名全員がガス室で集団殺害されたのは違うとか、ある単一な命令や計画によって虐殺が行われたのは違うという風に遠回しに表現する場合がほとんどだ。それなりの根拠を動員してホロコーストが「科学的に」不可能だったと主張したりもする。民族浄化を扇動するなら、その行為自体を処罰すれば済む話で、ホロコーストを否定することまで処罰する必要はない。これが歴史に対する否定そのものを処罰するのは度が過ぎるという批判が出てきた理由だ。

韓国版歴史否定罪は必要か

韓国社会でも日本の植民地支配を讃えたり、5・18光州民主化運動を歪曲する表現を処罰する必要があるだろうか。植民地支配を肯定的に捉えているような発言をしたムン・チャングク氏を日帝植民支配の称賛罪で処罰し、5・18民主化の歴史的事実を否認するチ・マンウォン氏を歪曲罪で処罰するのかしないのかということだ。

まずはヨーロッパの歴史否定罪が制定された背景が、韓国の脈絡と正確に一致しないという点を念頭に置かなければならない。日本植民地時代から残る親日派の清算、反人倫犯罪の断罪、民主化運動が憲政秩序の根幹をなすという点ではホロコーストの歴史的位相と比較できるように思える。しかしヨーロッパの歴史否定は、マイノリティに対する差別と敵対、排除と暴力につながるため、問題になるのだ。だとすれば日本植民地支配の称賛、反人倫犯罪否定、5・18民主化歪曲がそれと同じ水準の害悪を作り出しているかを問わなければならない。

例えば、ムン・チャングク氏の発言は問題ではあるが、それが韓国を再び日本の植民地化にしようという扇動と見なせるだろうか。民主化運動の歪曲が民主化運動関連者を差別・排除する効果を生んでいるだろうか。反人倫犯罪の否定が被害者の人間の尊厳を破壊しているのか。5・18歪曲が5・18功労者と呼ばれる民主化運動の犠牲者や貢献者への差別

★1 ピーター・シンガー
Peter Singer

★2 ノーム・チョムスキー
Avram Noam Chomsky

★3 シオニズム　イスラエルの地に故郷を再建しようとするユダヤ人国家建設運動

と地域差別を扇動しているだろうか。

この中でヨーロッパの歴史否定罪と同じ線上で比較できるのは、5・18民主化運動を歪曲する罪くらいだ。5・18歪曲はその功労者と湖南《ホナム》★1の人々への根深い地域差別と連動しているからだ。現在5・18歪曲はその功労者と湖南の人々への根深い地域差別と連動しているからだ。イルベの主な素材のひとつが、湖南嫌悪であり、大統領選挙のときは5・18功労者が公務員試験を独占しているという悪辣なフェイクが流布されたりもした。5・18歪曲がその功労者や湖南の人々に対する差別と繋がっているという点、そのため実際に社会的危害を作り出すという事実が立証されれば、5・18民主化歪曲に対してだけは、ヨーロッパの歴史否定罪と同じ論拠によって正当化されうる。

歴史否定罪が表現の自由を萎縮させるという懸念にも耳を傾けるべきだ。さしあたり数多くの歴史的事実の中で処罰すべき歴史否定をどのように選別するのかが問題となる。例えば「反人倫犯罪及び民主化運動を否認する行為の処罰に関する法律案」によると、民主化運動の概念定義を『2・28大邱《テグ》民主化運動★2、3・15義挙★3、4・19革命★4、6・3韓日会談反対運動★5、3選改憲反対運動★6、維新憲法反対運動★7、釜馬《プマ》民主抗争★8、光州民主化運動及び6・10抗争★9など、1948年8月15日に大韓民国政府が樹立されてから、憲法に保障された国民の基本権を侵害した権威主義的統治に抗い、国民の自由と権利を回復・伸張させた活動』と定めている。これではいくらなんでも範囲が広すぎる。保守陣営では「建国の父・李承晩《イスンマン》」と「近代化の旗手・朴正熙《パクチョンヒ》」の成果を否定することはなぜ処罰されないのかという声が高まるだろう。韓国現代史の歴史的な争点に対する議論が法廷での有罪無罪の判断に狭小化され、歪曲化される不祥事が起こるかもしれない。

だからといって、歴史に対する否定や歪曲をそのままにしておこうというわけでは決し

★1 **湖南 호남** 光州市を含む全羅北道と全羅南道の総称。1998年湖南出身の金大中大統領が選出されるまで、長い間軍事独裁政権下で目に見えない差別を受けてきた

★2 **2・28大邱民主化運動** 1960年3月の大統領選挙を前に、大邱の高校生が主導して起こした李承晩政権への抗議デモ。野党候補者の遊説に高校生が出向かないよう当局が措置を取ったことへの反発からデモへと拡大した

★3 **3・15義挙** 1960年3月の大統領選挙での不正に反発して、慶州南道馬山《キョンサンナムドマサン》(現在のチャンウォン市)で起こったデモ。流血事態が発生し、参加していた高校生の死体が4月になって発見された。馬山市民の怒りが爆発し、抗議デモは全国へと広がって4・19革命と繋がった

てない。ホロコースト否定論を容赦なく処罰するヨーロッパの国々も処罰にだけ頼ってはいない。彼らにとって、ホロコースト否定罪は重大な人権侵害の再発を黙って見ているだけではないという「象徴」ではある。しかし、それだけでなく、真相究明と責任者処罰、被害賠償などの徹底した過去の清算、民主主義の強化と人権意識の拡散、民主市民教育の強化、健康な市民社会の活性化など根本的な解決にも多くの力を注いでいる。第三者の立場からすぐさま目につくのが、処罰法などだけだ。安易な処罰法だけに頼るのでなく、根本的な問題解決のために何が必要なのかをもう少し多角的に深く悩むのが、わたしたちにとって必要な視点なのだ。

★4 **4・19革命**　1960年4月19日にソウルの学生・市民らがデモを起こし、政府は戒厳令を布告。市民へ発砲する事態になったが、連日デモは続いた。この流れから米国や軍部も政府支持を撤回する方向へ動き、4月26日に韓国初代大統領である李承晩は市民代表と面談し退陣を表明、12年間続いた李承晩政権は崩壊した

★5 **6・3韓日会談反対運動**　日韓国交正常化交渉の過程で朴正煕政権の対日政策に抗議する学生や市民が1964年6月3日に起こした大規模な反対運動

★6 **3選改憲反対運動**　1969年、朴正煕大統領が自身の任期延長のために、三選を禁じた憲法を改定する国民投票を強行した。それに対する反対運動

★7 **維新憲法反対運動**　朴正煕が1972年、戒厳令の布告とともに、強大な大統領権限を付与した「維新憲法（大統領の直接選挙制廃止・大統領多選禁止条項の撤廃など）」を制定したことへの反対運動

★8 **釜馬民主抗争**　1979年、民主主義の回復を掲げて野党総裁に当選した金泳《キムヨン》三《サム》に対する国会議員除名処分などが、釜山《プサン》・馬山《マサン》における大規模な抗議闘争を引き起こした。釜馬抗争は、その対処を巡り中枢権力の分裂をもたらした。一連の事件が権力内部の分裂による朴正煕暗殺という10・26事態へとつながっていく

★9 **6・10抗争**　1987年6月10日から、盧泰愚《ノテウ》の「6・29民主化宣言」までの約20日間の民主化運動を指す。治安本部対共分室に連行されたソウル大生、朴鍾《パクチョン》哲《チョル》に対する拷問致死事件が、6・10抗争の引き金となった

レッスン8 ヘイト表現と闘う人びと

「朝鮮学校をたたきこわせ！」

1960年代、「市民的及び政治的権利に関する国際規約」にヘイト表現禁止規定をいれるかどうかをめぐり、批准国のあいだで激論がかわされた。平等の価値を優先してヘイト表現禁止規定を入れるべきだという主張と、表現の自由のほうが優位にあるという主張が対立した。おもしろいのは、それぞれの陣営に属した国の面々だった。条項挿入に賛成したのは、おおよそ全体主義国家に分類される国々で、民主主義国家に分類される国のほとんどは反対をした。民主主義国家は表現の問題はできるだけ自浄に任せなければならないとし、むやみに規制してはならないという立場だった。一方、すでに多くの表現を規制している全体主義国家は、ヘイト表現を規制対象に「追加」することになんの拒否感もなかった。悪い表現だから規制するだけなのに、なにが問題なのかという姿勢だったのだ。激論の末、ヘイト表現を禁止する条項を入れることに落ち着いた。そうして準備された条項がまさに自由権規約20条2項である。

「差別、敵意又は暴力の扇動となる国民的、人種的又は宗教的憎悪の唱道は、法律で禁止する」[1]

実際、国際社会ではかなり以前からヘイト表現について議論がなされていた。[2] 1948年に宣布された世界人権宣言には、すでにヘイト表現に対する問題意識がこめられている。

「すべての人は、法の下において平等であり、また、いかなる差別もなしに法の平等な保護を受ける権利を有する。すべての人は、この宣言に違反するいかなる差別に対しても、また、そのような差別をそそのかすいかなる行為に対しても、平等な保護を受ける権利を有する」[3]

この世界人権宣言（第7条）は平等と差別禁止に関する条項で、特に「差別に対する扇動★1」について言及している点が目をひく。すでに当時、「差別」だけでなく「差別の扇動」も問題として認識されていたことがうかがえる一節だ。自由権規約だけでなく「あらゆる形態の人種差別の撤廃に関する国際条約（以下、人種差別撤廃条約）」にも『人種的優越又は憎悪に基づく思想のあらゆる流布』そして人種を理由とした暴力行為の鼓舞を犯罪と規定する条項を置いている。[4]

自由権規約の「差別、敵意又は暴力の扇動となる国民的、人種的又は宗教的憎悪の唱道」は、憎悪扇動と解釈される。人種差別撤廃条約に出てくる人種差別的「思想のあらゆる流布」、人種差別の「宣伝」、「助長」、「扇動」などの表現は、憎悪扇動だけでなく偏見助長型ヘイト表現を含むと理解できる。人種差別撤廃条約上のヘイト表現は、かなり広い範囲までまとめている。

このような国際規範は条約機構である自由権規約委員会、人種差別撤廃委員会、女性差別撤廃委員会、児童の権利委員会、障がい者の権利委員会などの各種報告書によってさらに具体化されてきている。また意見及び表現の自由に関する国連特別報告者、メディアの自由に関する欧州安全保障協力機構代表、表現の自由に関する米州機構特別報告者が提出した2001年「人種主義とメディアに関する共同声明」[5]、国連人権高等弁務官事務所の主管で作成された2012年「差別、敵意又は暴力の扇動となる国民的、人種的又は宗教的憎悪の唱道の禁止に関するラバト行動計画」[6]などによっても確認できる。[7]

これらの人権規範の中には米州人権条約13条5項に「いかなる戦争宣伝も、また人種、皮膚の色、宗教、言語又は民族的出身を含むいずれかの根拠による人もしくは人の集団に対する不法な暴力又はその他の類似の違法行為の扇動を構成するいかなる民族的、人種的又は宗教的憎悪の唱道」★2を犯罪とみなすことを明示した規定があり、欧州人権裁判所★3が欧州人権条約★4上、差別禁止条項(14条)の解釈を通してヘイト表現禁止措置を正当化する判決をいくつか下したことがある。それ以外にも欧州議会、欧州理事会、人種主義と不寛容

★1 **差別に対する扇動** incitement to such discrimination

★2 **米州人権条約** American Convention on Human Rights 翻訳は内野正幸(『筑波法政』12巻)による

★3 **欧州人権裁判所** European Court of Human Rights

★4 **欧州人権条約** European Convention on Human Rights

に反対する欧州委員会[★1]、法による民主主義のための欧州委員会（ベニス委員会）[★2]などの機関が、ヘイト表現に関する勧告や決議文を採択した。[8]

これまでヘイト表現に対する国際基準は主に民族、人種、宗教的ヘイト表現を中心に発展してきたが、国連の条約機構やヨーロッパの各種機構はその基準が女性、障がい者、性的マイノリティをターゲットとするヘイト表現にも適用されるということを何度も確認している。各国に対し女性と子どもに対するヘイト表現、[9]障がい者に対するヘイト表現、[10]性的指向または性別アイデンティティに基づいたヘイト表現と憎悪犯罪[11]などに対する措置を勧告したものが代表的だ。２０１５年には国連の自由権規約委員会が、「当事国は、性的指向または性別アイデンティティを理由に、いわゆる転向療法、ヘイト表現、暴力など誰かに社会的烙印を押したり差別するいかなる形態も容認できないことをきちんと公けにしなければならない」と韓国政府に勧告をしている。[12]

世界各国のヘイト表現禁止法

先だって自由権規約にヘイト表現規制を入れるかどうかの論争を紹介したが、その後ヘイト表現禁止法の導入を主導したのは、当時はヘイト表現規制に否定的な立場にあったヨーロッパの国々だった。彼らはネオナチや人種主義者たちの動きを深刻にとらえ、人種間の衝突やホロコーストの悲劇をくり返さないという意志のもと差別と暴力（憎悪犯罪）に対して断固たる措置をとった。ただし、ヘイト表現を処罰するかについては議論があった。「表現」を処罰することは表現の自由を抑圧する懸念があるからだ。しかしより深刻な事態が起こる前に、表現の段階で規制しなければならないという立場に徐々に多くの支持が集まった。そうしてヨーロッパのほとんどの国が、ほぼ例外なくヘイト表現禁止法を制定するにいたったのだ。

その他の地域にもヘイト表現禁止法が制定された国がたくさんある。ヘイト表現を規制する方法と範囲は千差万別なので一律に論じるのは難しいが、どんな形であれヘイト表現に対する刑事罰条項がある国としては、ヨーロッパのオーストリア、ドイツ、ベルギー、ブルガリア、フランス、フィンランド、ギリシャ、ハンガリー、チェコ、デンマーク、アイスランド、エストニア、アイルランド、ラトビア、リトアニア、マルタ、ルクセンブルク、オランダ、ノルウェー、ポーランド、ルーマニア、ポルトガル、スペイン、スウェーデン、イギリス、スロベニア、南北アメリカ大陸のブラジル、カナダ、コロンビア、メキシコ、ウルグアイ、その他の地域のニュージーランド、ロシア、トルコ、ウクライナ、オーストラリア(一部の州)などがある。[13]

前述したヘイト表現の類型にしたがって分類してみると、まず「差別的ハラスメント」の場合、主要国家は包括的差別禁止法や平等法でハラスメントを差別の一類型に規定している。たとえばイギリスの平等法は「保護される属性と関連して当事者が望まない行為によって尊厳性を侵害したり、威嚇的、敵対的、侮蔑的、屈辱的、攻撃的環境をつくろうとする目的または効果をもつ行為」を禁止しており、ドイツの一般平等待遇法は「第1条にあげられた事由(差別禁止事由)と関連し、意思に反して他人の尊厳性を侵害したり、威嚇、敵対視、蔑視、品位の損傷または屈辱などによって尊厳性を侵害する雰囲気をつくり出すこと」を禁止している。

★1 人種主義と不寛容に反対する欧州委員会
European Commission against Racism and Intolerance

★2 法による民主主義のための欧州委員会(ベニス委員会)
European Commission for Democracy through Law ,Venice Commission

偏見助長型ヘイト表現を規制するケースは珍しいが、差別に直結する可能性が高いヘイト表現は、差別禁止法によって禁止される。たとえばカナダの人権法[14]（12条）は差別行為を意図したり暗示する行為を禁止する。つまりある飲食店が特定人種の出入りを禁じるのも、「東南アジア人出入り禁止」と書いて貼るのも禁止するということだ。

侮辱型ヘイト表現を禁止している国もある。デンマーク刑法[15]は人種、国籍、性的指向などを理由に威嚇、からかい、見くだしを公表することを処罰しており、オランダ刑法[16]は人種、宗教または信念、性的指向、障がいなどを理由にした侮辱的なことば、文章、イメージを意図的に公表することを処罰している。イギリス公共秩序法[17]は人種、宗教、性的指向に基づくヘイトを鼓舞しようという意図をもって威嚇的なことば、行動または資料を掲示することを処罰し、ニュージーランド人権法[18]は人種、国籍などを理由に威嚇、悪口、侮辱を出版・配布・放送することを禁止している。

憎悪扇動については世界の主要国家がほぼ共通して処罰規定を定めている。たいてい民族・人種・宗教的憎悪扇動を刑事罰にしており、性的指向や障がいなど別のマイノリティの属性をもった集団に対する憎悪扇動を処罰する法律を置いている場合も多い。

その代表としてドイツは民族的、人種的、宗教的集団または民族的ルーツによって定義された集団、そして一部住民への憎悪扇動を刑事罰にしているが、ここには性的指向及び性別アイデンティティ、障がいなどの属性をもったマイノリティ集団に対する憎悪扇動が含まれていると解釈される。[19][20]

これ以外にもフランスとカナダ[21]のようにホロコーストなどの反人道的犯罪を規制するかたちの憎悪扇動を処罰する場合もある。

日本のヘイトスピーチ解消法

ヘイトスピーチに関する日本の最近の動向も注目に値する。日本は実のところ人権の観点から見ると脆弱な点が多い国で、ヘイトスピーチのような最新の人権イシューへの対応はなかなか進んでいなかった。そんな日本もようやくヘイトスピーチへの対応に乗り出したのである。

日本で在日コリアンに対するヘイト、いわゆる「嫌韓」の雰囲気が作られ始めたのは２００２年以降だ。２００２年日韓ワールドカップを機にはびこった嫌韓感情が２００５年に出版された『マンガ嫌韓流』の影響で大衆化し、２００７年反韓ネット右翼団体である「在日特権を許さない市民の会（在特会）」[22]の結成につながった。

在特会がインターネットを超えてオフラインで本格的に嫌韓デモを主導していく中で、問題はさらに深刻化した。２００９年12月には在特会の会員が京都朝鮮第一初級学校の校門前で「朝鮮学校を壊せ！」と叫びながら街頭集会を開き、２０１０年４月には徳島県教職員組合が四国朝鮮小中級学校に１５０万円を寄付したという理由で組合事務室に乱入したりもした。[23]

２０１３年からは韓国人の飲食店や店がたち並ぶ東京の新大久保で毎週末、嫌韓デモが開かれた。デモは組織的で残忍だった。デモの場所として、あえて韓国人集住地域を選びそこにいる在日コリアンを直接おどす形をとった。憎悪扇動の中でも物理的暴力につながる可能性が高い極端な行為だったと言える。

さいわい日本の良心ある人たちと活動家が積極的な対応に乗り出した。まず朝鮮学校への街宣禁止などの請求事件（2013）、[24]徳島県教職員組合と前書記長に対する暴言及び罵詈雑言に対する損害賠償請求事件（2016）、さらに在日朝鮮人フリーライターの李信《リシ》恵《ネ》名誉毀損に対する損害賠償請求事件（2016）など、既存の法を活用した対応がスタートした。

しかしこうして個別に対応するのには限界があり、立法措置が必要とされた。市民社会が積極的に議会にプレッシャーを与え、国際社会の圧力が激しくなるとようやく日本政府も傍観できなくなり、ついに2016年5月、国会で「本邦外出身者に対する不当な差別的言動の解消に向けた取組の推進に関する法律」[25]（ヘイトスピーチ解消法）が通過した。この法律は、日本以外の出身者に対する差別的言動の解消を、国と地方公共団体の責務として規定し、問題解決のための政策推進を規定した。

具体的に、差別的言動に対する相談・紛争防止・解決体制の整備、教育実施、国民への広報と啓発を明示した。処罰規定は設けなかったが、ヘイトスピーチ対策を国家的課題と明示した点に意味があった。

2016年に施行された「大阪市ヘイトスピーチへの対処に関する条例」[26]は、英語の「hate speech」を「ヘイトスピーチ」と音訳して、人種、民族などの属性をもった個人、集団を排除したり、権利や自由を制限したり、憎悪や差別の意識または暴力をあおる目的で侮辱、誹謗中傷、威嚇などを公開的に行うこととその概念を規定した。このようなヘイトスピーチに対する予防措置を法制化したのがこの条例の核心内容だ。それと同時に審査会が調査・審議してヘイトスピーチをした者の名前・名称を公表するという点が興味深い。

韓国だけが例外？

ヘイト表現に対する国際的合意はかなり高いレベルに達し、世界の主要国家はヘイト表現を処罰したり最低限の国家政策を準備するための法的根拠を置いている。差別禁止法によってハラスメントを禁止し憎悪扇動に該当するヘイト表現を刑事罰化するのが最も一般的だが、一部の国ではマイノリティへの差別助長行為や侮辱的発言を禁止している。日本もヘイトスピーチに対応するための法的根拠を準備しこの流れに乗った。レッスン9で詳しく見ていくが、アメリカもヘイト表現に関する刑事罰規定がないだけで、差別と憎悪犯罪にはむしろ強力に対処しており、ヘイー表現に対する社会全体での対応にも積極的だ。

残念ながら韓国は、このような世界的流れに乗ることができずにいる。ヘイト表現に関する国レベルの措置は皆無だと言っても過言ではない。政治家や社会的有力者がヘイト表現を持続的に警告してもいない。一部メディアと人権団体がヘイト表現の危険性を警告しているくらいだ。かといってヘイト表現が差別行為や憎悪犯罪へと進んでも強力な措置をとっているわけではなく、企業や学校では積極的な対応をしてもいない。名のある主要国のうち、ヘイト表現に対してこれほど一貫して対策のない国がほかにあるだろうかと言いたい。

「いま現在、この場所」**韓国のヘイト論争5**

クィア文化フェスティバルと反同性愛運動

最近は社会のいたる所でヘイトが問題になっているが、ヘイトが最も目立つ現場は、なんと言っても毎年夏に開かれるクィア文化フェスティバルだ。韓国のクィア文化フェスティバルは2000年ソウルで始まり、2009年からは大邱《テグ》でも開かれている。2017年には釜山《プサン》と済州《チェジュ》でも初めてクィアフェスティバルが開催された。クィア文化フェスティバルは世界150あまりの都市で開かれており、アジアでも日本、香港、インド、台湾、フィリピンなどで毎年開催される。おそらく同じ趣旨のフェスティバルが世界各地でこれほど多様な形態で開かれるのは珍しいだろう。それほどクィア文化フェスティバルは世界中の人々の普遍的なフェスティバルとして定着している。

韓国でクィア文化フェスティバルがクローズアップされたのは、2014年にソウルと大邱で一部の保守キリスト教勢力の反対集会によって衝突が引きおこされてからだ。その時から毎年、クィア文化フェスティバルの報道にはこの衝突が取り上げられるようになった。しかしそのせいでクィア文化フェスティバルの趣旨が埋もれてはならない。クィア文化フェスティバルは同性愛ヘイトに立ち向かう「対抗運動」(レッスン15)の一形態として理解されるべきだ。

性的マイノリティは、レッテルによる排除と差別をひときわはげしく受けているマイノリティ集団だ。したがって自身のアイデンティティをカミングアウトする行為自体が重要な社会的行為である。カミングアウトは自ら自身の性的アイデンティティを受け入れ、オープンに堂々と自身の性的アイデンティティを明らかにする行為として、社会的実践の意味をもつ。クィア文化フェスティバルはお祭りの形式を借りて、性的マイノリティが集団的にカミングアウトを敢行するものである。性的マイノリティ同士がオープンな場所で自身のマイノリティをカミングアウトすることによって互いの存在を確認し社会に向かって自分たちがここにいるということを表明するのが、まさにクィア文化フェスティバルだ。

海外でクィア文化フェスティバルはプライドフェスティバルとも呼ばれている。これまで息を殺していた性的マイノリティが一緒に広場に出て自身のアイデンティティを思う存分さらけだし、フェスティバルをくり広げて街をパレードすることによって性的マイノリティとしての自尊心を感じる場所が、まさにクィア文化フェスティバルなのだ。これは性的マイノリティへの差別と排除に立ち向かった積極的な「抵抗」でもある。フェスティバルは誰でも開催できて参加できる開かれたイベントだ。このようなオープンフェスティバルを通して性的マイノリティが同じ市民権をもった社会の構成員であることを確認するのが、クィア文化フェスティバルなのである。

２０１４年から、一部保守キリスト教勢力はクィア文化フェスティバルを霧散させるために積極的にロビー活動をする一方、クィア文化フェスティバルの場所に現れて「同性愛反対」、「同性愛は罪だ」というプラカードをもって物理的にフェスティバルを妨害することもあった。単純に異なった意見を表明していると見なすことはできない。異論があればいわゆる「応戦デモ」をすれば良いだけで、あえてクィア文化フェスティバルの「不許可」を要請する必要はないからだ。しかし彼らはソウルで、大邱で、済州でイベント自体を妨げるために全力を注いだ。クィア文化フェスティバル自体を妨げようとするのは、性的マイノリティに自身のアイデンティティをカミングアウトするなと強要する積極的な行為である。クィア文化フェスティバルが性的マイノリティの存在を「可視化」[★1]するものだとすれば、彼らは「非可視化」[★2]を要求しているのだ。

このような非可視化の要求は、時に寛大な態度に偽装される。「なにをしても良いんだけど、クィア文化フェスティバルみたいなのはする必要ないよね」だとか「わたしの目につかなければ大丈夫」ということばへと。しかしある存在に向かってそのアイデンティティをカミングアウトするなと要求することは決して寛容ではない。カミングアウトせずに生きろという要求自体が差別である。そもそもあるマイノリティ集団が自身のアイデンティティをカミングアウトせずに自身の権利を主張することは不可能だ。同性愛者であることをカミングアウトしなければ同性婚が法的に認められることはない。つまりクィア文化フェスティバルに反対するなどの非可視化要求はそれ自体が差別で、非可視化が寛容や平等と両立することはない。

もう一つの争点はクィア文化フェスティバルに対する政治家の態度だ。レッスン14でも言及するが、マイノリティの問題において政治家たちがどういった態度を取るのかはとても重要である。海外で開かれるクィア文化フェスティバルでは、市長が参加するのをよく目にする。進歩派の政治家だけでなく米国共和党のマイケル・ブルームバーグ[3]前ニューヨーク市長やイギリス保守党のボリス・ジョンソン[4]首相のような人物も、ピンクの服を着てクィア文化フェスティバルに顔を出し演説をしていた。ヘイトと差別ではなく平等と共存の価値を追求する政治家であれば当然のことだ。２０１６年にはイ・ジョンミ議員が国会議員としては初めてクィア文化フェスティバルに参加し、２０１７年には左派野党の正義党代表として演説までした。

クィア文化フェスティバルは性的マイノリティの人権に関する試金石と見ても良い。反同性愛勢力の非可視化要求が貫徹されるとしたらそれは最悪である。「わたしの目につくな」というヘイトが公式に認められたに等しいからだ。韓国では今、紆余曲折があるもののイベント自体は許容されている。最悪の事態は免れたのだ。次は、フェスティバルを通してどれくらい多くの性的マイノリティ当事者が自身をオープンにカミングアウトするのか、それに連帯する市民がどれほど強い支持を送るのか、そして有力政治家たちがどれくらい行動を共にするのかが重要になる。形式的にはすでに誰でもフェスティバルに参加できるようになった。しかし誰もが皆、なんの気兼ねもなくフェスティバルに参加できるわけではない。最悪は免れたが、まだまだ先は長い。

★1 **可視化** visibility
★2 **非可視化** invisibility
★3 **マイケル・ブルームバーグ** Michael Bloomberg
★4 **ボリス・ジョンソン** Boris Johnson

レッスン9 米国ではヘイト表現の自由がある?

「もっと少ない表現ではなく、さらなる表現が最高の復讐だ」

「この兵士を死なせた神に感謝する」
「あなたがたは地獄に行くだろう」
「神はあなたがたを憎む」

イラク戦争で命を落とした、ある米兵の葬儀会場。これはデモ隊が持っていたプラカードの文章だ。死亡した兵士は同性愛者で、デモ隊は同性愛が米国を滅ぼしていると信じる、ある教会の信徒たちだった。兵士の父親は激怒した。「彼らは葬儀を興味本意一色の報道現場にし、わたしたち家族を傷つけようとした」。ショックを受けた父親は、名誉毀損、私的空間に対する侵害、プライバシーの露呈、故意に精神的苦痛を被ったことなどを理由にそのデモ隊を訴えた。地方裁判所は総額５００万ドルの損害賠償判決を下したが、控訴裁判所と連邦最高裁判所では相次いで判決が覆った。[★1] 連邦最高裁判所はそのデモが修正憲法１条が保障する表現の自由の範囲内にあるという判決を下した。葬儀自体を物理的に妨害したり、家族の目の前で侮辱をしたわけではなく、公的関心事に意見を表明したにすぎないという理由からだった。たった一人の判事だけが「自由で開かれた討論のためのわたしたちの深奥な国家的約束は、この事件で発生した悪意的なことばの暴力を許容しない」と反論をした。

米国の例外主義

米国はこういう国だ。このような行動ですら表現の自由として認められる。米国は国際人権規約のヘイト表現関連条項を留保した。ヘイト表現に対する刑事罰もいっさいない。表現の自由に関する米国の立場は、かなり一貫している。連邦最高裁判所はネオナチ主義者がホロコースト生存者・遺族が集まって住んでいる地域でナチスの服装をまとってデモをしても、これを禁止できないとし、[★2] 白人至上主義者の集団ＫＫＫ団が人種差別の象徴として行う「十字架焼却」も「切迫した不法行為に対する扇動」に該当しないと判断したり、[★3]「脅威の意図」がなければ表現の自由の保護範囲にあるという判例を出している。[★4]

ヘイト表現の規制を求める国際的合意水準が次第に高まり、ヘイト表現を処罰する法律を制定する国が増えているが、米国はこの点において全く揺るぎない。ヘイト表現に関する限り、米国は民主主義国家の中で「例外的地位」に置かれているのだ。韓国のテレビ番組「非首脳会談★5」でヘイト表現規制に反対した米国代表が他国の代表らの強い反発にあって孤立したとき、その場面はバラエティーではなく、現実そのものだった。米国はなぜここまで頑ななのか。

修正法案1条：表現の自由の位相

単に米国の形式的な法制度を覗くだけでは足りない。わたしたちが注意深く見る必要があるのは、その政治・社会的背景だ。他国のように、米国も表現の自由を憲法(修正憲法1条)に規定しているが、表現の自由の意味がもう少し特別だ。米国には20世紀初めと中盤に政治的反対派を社会から追放した暗鬱な歴史がある。その骨身にしみる教訓を足がかりにし、内容の正しい正しくないとは関係なく、その表現自体には国家が介入できないという原則を確立した。これが、国家が「見解による差別★6」や「内容規制★7」ができないように厳しく制限する理論に発展したのだ。

多くの人種で構成された、移民の国という特殊性も影響している。多人種、多文化社会がひとつの国として維持されるためには、全国民が同意できる統合的価値が必要だ。その価値は特定宗教や文化を超えた実質的内容の理念でもありえるが、米国は最小主義的方式、すなわち「お互いに侵犯したり干渉するな」という趣旨の形式的な自由と、これを保障するために「中立国家」の理念に合意したのだ。ジョン・ハラン★8判事によると、表現の自由は「多

★1 **判決が覆った** Snyder v. Phelps,2011
★2 **禁止できない** National Socialist Party v.Skokie,1977
★3 **判断** A.V.v.City of St.Paul,1992
★4 **判例** Virginia v.Black,2003
★5 **非首脳会談** 総合編成チャンネルの一つであるJTBCで2014年から2017年末まで放送。各国の男性が参加したトークバラエティ番組
★6 **見解による差別** viewpoint discrimination
★7 **内容規制** content-based restrictions
★8 **ジョン・ハラン** John Harlan

様で人口が多いアメリカ社会における強力な治療薬」だったのだ。

このような合意の背景には「公的談論★1」に対する米国社会の強い信頼がある。どんな表現であれ公的談論の場で自由に論議されれば、最善の結果が出るだろうと信じているからだ。米国で表現の自由が議論されるとき、その表現が「公的なもの」かどうかがかなり重視される理由がここにある。マイノリティ集団を侮辱する発言だとしても、それが「公的談論」の脈絡でされれば免罪符が与えられるのだ。修正憲法1条が制定された歴史的脈絡も見落とすことはできない。中央集権国家を夢見た連邦主義者たちが反連邦主義者たちを説得するために妥協案として提示したのが、まさに連邦政府と議会の強い権限を制限する修正憲法条項だった。修正憲法1条には「表現」に関する限り、連邦政府が介入しないという約束があったのだ。

ヘイト表現に「介入」するアメリカの方式

しかしヘイト表現に「介入」する方式として、禁止と処罰だけがあるのではない。米国に連邦レベルのヘイト表現禁止法がないのは確かだが、ヘイト表現について何も施していないわけではない。[1] 実際、ヘイト表現を制限するために多様な社会的しくみが作動している。例えばラジオやテレビのヘイト表現を規制したり、[2] 国レベルでも多様な反差別政策を取っている。ヘイト表現の問題が自律的に解決されない領域、例えば公共・教育機関のようなところでは、ヘイト表現への規制がある。教授と学生、上司と部下のような権力構造が存在するところでも一定の規制がある。実際にかなりの大学と企業が「差別禁止政策」または「多様性政策」を立てており、ヘイト表現が「ハラスメント[★2]」に該当したり、実質的な差別を引き起こす場合は懲戒が学則や社内規則に設けられている。[3] 裁判を通じて天文学的な額の損害賠償責任を問うこともたびたびある。

人種差別禁止政策はもちろん、ＬＧＢＴフレンドリー[★3]を採択した企業もたくさん存在する。アップル、スターバックス、マイクロソフト、ディズニー、フォードなどの有名企業がこの動きに加わっている。市民社会はこのような企業のリストをつくり、「この企業のものを買おう」と呼び掛けている。世界各国のアメリカ大使館には同性愛職員の集いがあり、駐韓米国大使館は韓国のクィア文化フェスティバルにも公式参加している。「差別」は、米国企業がもっとも敏感に考える問題だと言っても過言ではない。

政治家や影響力のある人物が随時、人種差別や性的マイノリティの差別問題について明確な立場を表明したりする。つまり米国は刑事規制以外でほぼすべてのヘイト表現を規制しているのだ。それもとても強力な方法で。このような状況で米国がヘイト表現に「不介入」していると表現できるだろうか。「ヘイトする自由」が保障されていると言えるだろうか。

米国式アプローチの長所は、何よりも「一貫性」と「明確性」だ。米国のように表現に介入する範囲を厳しく狭めれば、一貫して明確な法の適用が可能になる。ヘイト表現の処罰のために「内容に対する規制」のドアを開く瞬間、表現の自由に関する戦線は混乱に陥る。どんな内容の表現を規制するのかは、決して簡単な問題ではないからだ。ヘイト表現禁止法を導入してはいるが、依然としてヘイト表現の概念定義をめぐり論争があるヨーロッパと比べてみると、米国式のアプローチには明らかに長所がある。もしかするとヘイト表現

★1 **公的談論** public discourse
★2 **ハラスメント** harassment
★3 **LGBTフレンドリー** LGBT-friendly policies

のデモ隊を目の当たりにする苦痛を甘受する代わりに、表現に対する絶対的な自由を保障されているほうが、社会全体としては少し有利な取引になるかもしれない。

しかし米国とヨーロッパがそれぞれ違う道を歩んでいるという指摘は平面的すぎる。ヘイト表現を放置しないという点では違いがないからだ。人権と民主主義を尊重する国においては、ヘイト表現問題はどんな方式で規制(法による強制規制vs.社会による規制)するのかという問題であって、ヘイト表現に寛容であるかどうかという問題ではない。ヘイト表現に対する立場が違うのではなく、その対処方法に違いがあるだけだ。そういった点で一部ヘイト主義者たちが、米国の事例を掲げて「ヘイトする自由」もあると主張するのは適切ではない。

米国の道に進むなら

米国には、一貫して自由のために真摯に闘いながら、ヘイト表現の規制に反対する人々が存在する。米国自由人権協会★1が代表的だ。この団体は表現の自由をはじめとする自由を一貫して擁護する。ひいてはネオナチのデモ隊がユダヤ人地域であるスコーキーで行進するのも許容すべきだと主張した。そのような立場を取ったことで、多くの会員が退会するというダメージも受けたが、一度も立場を変えたことはない。ヘイト表現についても批判的ではあるが、その規制には反対している。「もっと少ない表現ではなく、さらなる表現が最高の復讐」だと考えるからだ。彼らはヘイト表現規制法をつくるかわりに、ヘイト勢力に立ち向かい「一緒に闘おう」と言う。彼らを市民社会の力で退けることこそが、健全な市民社会の象徴だと主張する。

韓国社会でも「米国式アプローチ」を好む立場があるだろう。しかし明確にしておかなければならないのは、米国式アプローチは、大統領が随時、差別禁止への立場を表明し、差別禁止法が各種差別を実質的に規制しており、大学と企業が差別問題に敏感に反応し、表現に関してはどんな内容規制も一貫して許さない米国社会の脈略でこそ有効だという点だ。

米国のような社会的条件を作るために奮闘すると「同時に」、米国のようにヘイト表現規制を処罰する法に反対する人がいるのなら、その人物こそがまさに「崇米国(!)主義者」であり、ヘイト表現問題を「国家の介入なく」社会で直接解決しようとする活動家だろう。ヘイト表現への規制を支持する者たちにとって、まともな論争を繰り広げるのにふさわしい相手がまさにこういう人たちだ。

★1 米国自由人権協会 ACLU, American Civil Liberties Union

レッスン10 「禁止か許容か」の二者択一をこえて

「真正な自由と実質的平等を志向する」

プロローグで触れたように、ヘイト表現が頭の痛い論争を引き起こす一番大きな理由として挙げられるのは、それが「表現」だからだ。

表現の自由を簡単に放棄することはできないため、ヘイト表現が表現に留まる限り、むやみやたらに制限してはならない。そのためヘイト表現の問題はいつも表現の自由との対立の中で議論されてきた。表現の自由が優先されるという主張がある一方、平等や「差別から自由である権利」をより重視する主張も存在する。[1]

人種主義やホモフォビアが招く危険に注目する意見がある一方、表現に対する規制が招く副作用や検閲[★1]の危険を警告する立場もある。[2] そのうえ、ひとつの国際人権規約の中でもぶつかるように見える二つの条項が並んでいる。自由権規約19条2項は『すべての者は、表現の自由についての権利を有する』と規定しているが、そのすぐ後の20条2項では『差別、敵意又は暴力の扇動となる国民的、人種的又は宗教的憎悪の唱道は、法律で禁止する』と規定している。各国の憲法にも表現の自由と平等／差別禁止が同時に規定されていることが多い。

　学界ではヘイト表現規制に関する議論を「ヨーロッパ式アプローチ」と「米国式アプローチ」に分けるのが一般的だ。前者を「広範囲規制[★2]」、後者を「最小規制[★3]」と呼んだりもする。[3]「ヨーロッパ式アプローチ」が、国家が法でヘイト表現を禁止するものとすれば、「米国式アプローチ」は国家による法的禁止措置ではなく別の方法でヘイト表現に対処すべきという立場だ。多少、図式的ではあるが、二つの立場を簡単に比べてみよう。[4]

ヨーロッパ式アプローチ：規制賛成論

　ヘイト表現規制の最も重要な論拠は何よりもヘイト表現の危害だ。ヘイト表現の危害にはヘイト表現のターゲットになったマイノリティの精神的苦痛、多様なアイデンティティを持った構成員が一緒に生きていける共存条件の破壊、そして差別と暴力につながる可能性などがある。そしてこのような危害を招くヘイト表現は、人間の尊厳や平等など憲法的価値を棄損するため、ヘイト表現は規制されるべき違法行為だとみなされる。

　ヘイト表現も表現である以上、いわゆる「思想の自由市場」に任せようという主張があるが、思想の市場に「自由で平等な競争」があるとしても「合理的熟議の潜在性を過大評価」したものだという反論が提起される。[6] 実際に市場に参加する当事者はマイノリティであり、彼らは実質的に不平等な状況に置かれている。このような状況で「公正な競争」を期待することは難しい。マジョリティが公論を掌握した状況で、マイノリティ自らがヘイト表現に立ち向かえるのかという疑問が残る。[7] だからといって第三者である聴衆がヘイト表現が根付かないようにそれを十分に支持し連帯することもない。にもかかわらずヘイト表現に介入しないというのは、現実の権力関係を認め、市場の失敗を放置するというのと同じことだ。[8]

したがって自由で公正な競争が働く市場のためには、競争法が市場の自由のために談合や寡占を規制するように、ヘイト表現を規制し、マイノリティを保護する措置が必要だという主張のほうが説得力を持つ。またヘイト表現はマイノリティの存在自体を承認しないという意思の表れであり、これはとどのつまり、市場の成立自体を否定することでもある。競争はお互いの存在を認めるという前提のもとでこそ可能であり、存在自体を否定する立場を相手に、正常な討論の場が開かれることはない。[9]

米国式アプローチ：規制反対論

一方、ヘイト表現への規制に反対する立場もある。規制反対論は何よりヘイト表現がもたらす危害の実体を疑う。個々のマイノリティがヘイト表現によって辛い目に遭うかもしれないが、マイノリティ集団が損害を受けるというのは漠然とした仮定に過ぎないとい

★1 **検閲** censorship
★2 **広範囲規制** extensive regulation
★3 **最小規制** minimal regulation

うことだ。個人や特定集団に対する危害は民事賠償を通じて解決すれば良いのであり、国家がマイノリティ集団に対する危害を別途認めて介入する必要はないという立場だ。ヘイト表現が暴力やジェノサイドにつながるという主張に対しても、それは傾向であるだけで、因果関係があるのではないと見なす。[10] そのような危険は警戒すべきだが、表現自体を処罰してはだめだというわけだ。実際米国の場合、けんかを売ることば、★1 脅迫、暴力扇動などのように具体的な損害が明らかでその状況が切迫しているときには法が介入できるが、ほとんどのヘイト表現はこの事由に該当しないものと見なされる。

またヘイト主義者たちにとってヘイト表現が禁止されれば、抑圧された感情が積もり、かえってさらに危険な行動につながりうるという懸念も提起される。表現の自由は一種の「圧力弁」のようなもので、危険な行動へと暴発するまえに、蒸気を抜く役割をする。[11] すなわち怒りを刺激するよりも、言いたいことばを排泄させるほうがかえって、大きな危害を防ぐという論理だ。[12]

人為的「介入」が不可避な理由

ヘイト表現が特別な危害を招くことなく自然となくなれば、またそのように社会がヘイト表現をしのぐことが出来れば、それがもっとも望ましい方向だろう。ヘイト表現が発せられても、ターゲット集団の構成員たちが社会の大多数の支持と連帯の中で心の傷を癒やし、肩身の狭い思いをせずに生活ができ、ヘイト表現がことばに留まるだけで、差別と暴力につながる経路が徹底的に遮断されるなら、ヘイト表現を規制する理由はない。社会の淘汰に任せればいいだけだ。

しかしそのような自然な解決が不可能だからこそ、わたしたちはこのように長い話をしているのではないか。ヘイト表現によって精神的苦痛を受け、社会構成員としての地位を享受できない当事者がいるという厳しい現実の中で、社会が自律的に打破できずにいるとすれば、何かしらの人為的な措置が求められる。この状況で何の措置も取られないとしたら、さらなる被害は避けられない。漠然とした放置は、ヘイト表現が「許容」されているという間違ったサインとなるからだ。[13]

したがってヘイト表現に対する何らかの人為的な「介入」★2は避けられない。特に国家が法を通じて何らかの公式的な措置を取る必要がある。ヘイト表現について耐性を持てない韓国市民社会の現実を考えると、なおさらだ。だとすればこれからの論点は、規制するシステムをどのように配置するのかという問題に変えなければならない。[14] ここでいう「規制」は、ある問題に対する「介入」を意味する。この介入は必ずしも刑事罰を示すのではない。刑事規制や行政規制はもちろん、環境と背景を変える規制や教育、認識を改善する活動を通じて、ヘイト表現の土台自体を変えていく政策もまた、規制に当たる。多様な可能性を開きつつ、対案を模索しなければならないということだ。

表現の自由を増進させる介入

介入が不可避だと述べはしたが、依然として表現の自由への未練は捨てがたい。ヘイト

★1 けんかを売ることば fighting words
★2 介入 intervention

表現には「さらに多くの表現[★1]」[15]と「さらに良い思想で立ち向かう」[16]ことが「最高の復讐」[17]であり、表現の自由の拡大こそがマイノリティの平等を増進する[18]という立場を、単なる自由主義的ロマンだとけなすことはできない。ここで今一度、表現の自由は人格的自己実現の手段として人間の高貴な権利であり、社会進歩と民主主義の必須要素だという点を再確認する必要がある。

1789年フランス「人間と市民の権利宣言」第11条が示すように「思想及び意見の自由な伝達は、人にとって最も大切な権利である」という条項がある。ジョン・スチュアート・ミル[★2]とジョン・ミルトン[★3]が言うように、間違った意見がむしろ「真理をより生き生きと明確に表しうるとても大事な機会」を提供できるのであり[19]、「真理の論駁こそ嘘に対する最善でもっとも確実な抑圧」[20]だ。韓国の憲法裁判所も「表現の自由が保障されていない国は、厳格な意味で民主国家とは言いがたい」[21]ことを確認している。

表現の自由はもともとマイノリティの権利として意味があるのだ。マジョリティや強者は自由自在に表現の自由を享受できるが、マイノリティにとって表現の自由は自身の人権を実現するための核心的な価値だ。生存権、平等権、参政権、労働権などすべての権利の実現のためにマイノリティは自身の権利を表現できなければならない。表現の自由は他の権利の実現のための前提条件なのだ。したがってマイノリティの権利を保障するためにも表現の自由を制限することにはできるだけ慎重でなければならない。表現の自由に対する規制総量が増えることで、それがいつでもブーメランとして返ってくることに注意を払うべきだ。表現の自由を毀損せずヘイト表現の問題を解決することは、マイノリティの観点からも有利な選択肢であるだろう。

したがってヘイト表現への介入はヘイト表現を「禁止」し「処罰」するよりも、さらに多くの表現がヘイト表現を撃退できるよう表現の自由を「支援」する側へと方向を変えなければならない。これがまさに「表現の自由を増進させる介入」だ。つまり『犠牲者とその支持者たちにヘイト表現行為に対応させる実質的、制度的、教育的支援』をすることで『犠牲者たちがヘイト表現行為の「沈黙させる効果」に挑戦し、ヘイト表現話者の主張を反駁』できるように支援する政策へと向かうべきだ。[22] レッスン12で紹介する「環境形成する規制」措置のほとんどがこれに該当する。

ヘイト表現が社会に根付かないようにする環境形成する規制は、国全体のレベルで反差別政策を施行し、教育と広報を通じて認識を高め、マイノリティ集団に対する各種支援対策を準備するのがその核心だ。このような措置は究極的にヘイト表現に立ち向かって闘える市民社会の力量を強化する役割も担う。例えば、国や地方自治体が青少年性的マイノリティ相談センターを支援すれば、青少年である性的マイノリティの人権を保護し、彼らの力量を強化するきっかけになりうる。クィア文化フェスティバルを支持し支援すれば、性的マイノリティの自尊心を高めることができるだろう。

このような介入は「形式的な平等」[23]ではない、「実質的な平等」を目指すものでもある。[24] 形式的な自由が与えられるとしてもマイノリティが実際に自由を享受できる環境が整えられてこそ、真の自由があると言える。[25] ここでの国家介入の目標は、まさにこの「真の自由」と「実質的平等」の実現のためにマイノリティをエンパワメントし、市民社会の対抗言論を活性化することを目指している。[26] これは禁止と処罰のための介入ではなく、個人の権限を強化し彼らの対抗表現を支援する介入を言う。[27] このことを通じ、マイノリティお

★1 さらに多くの表現
more speech

★2 ジョン・スチュアート・ミル John Stuart Mill

★3 ジョン・ミルトン
John Milton

よび彼らと連帯する市民社会がヘイト表現に立ち向かって闘えることこそが、ヘイト表現に対処するもっとも原則的な方法だ。[28]

このような措置が、刑法等による罰則化などの禁止政策と必ずしもぶつかるわけではない。[29] 刑事罰化はどのみちヘイト表現の一部にのみ適用されるだけで、対症療法に過ぎない。差別からの人権救済や民事規制も、刑事罰化と同じように事後的で消極的な方式という限界がある。したがって刑事罰化や差別救済を施行したとしても、根深い差別観念を根本的に変えるためには肯定的な方法で作られた「社会的慣行」により、ヘイト表現が生まれる素地をなくすことが重要だ。[30]

特に学校教育でのヘイトと差別問題に関する積極的な介入が重要だ。偏見を解消する方法としては集団間の対話を拡大し、正しい情報を十分に提供し、各集団の範疇を超え上位範疇に認識させることなどが考えられる。[31] 同性愛ヘイトを例にしてみよう。同性愛に対する正しい情報を教育の場で提供し、ひとつの教室で同性愛者の友人と共に過ごし、彼らをよそ者ではなく友人であり同じ市民として認識ができるとすれば、同性愛に対する偏見はそう簡単には形成されないだろう。このような条件を形成することこそ、同性愛ヘイトに対する社会の耐性を育てる根本的な方法だ。

表現の自由を増進させる介入こそが副作用や規制乱用の危険なく、ヘイト表現を抑えることができる最も良い方法だ。禁止と許容の無益な対立を乗り越えられる第三の選択肢でもある。このようなヘイト表現が社会に根付かないようにする解決方法＝環境形成する規制がもっとたくさん議論され、実行されなければならない。強制的な禁止措置を排除しようということではない。それについての論議は、環境形成する規制では解決されない問題領域が何なのかを探すことから始められるだろう。

レッスン 11
「ヘイト表現罰則化」の明暗

「合法だというのに何が問題なのか」

ヘイト1.「わたしは同性愛が罪だと信じている」
ヘイト2.「同性愛は病気で罪だ」
ヘイト3.「ファグ★1は地獄に落ちて燃えつきないと」
ヘイト4.「死んでしまえ。このファグめ！」
ヘイト5.「このファグ、おまえは対価を払うことになるんだよ」

この中のどれが法によって刑事罰を受けるべきだろうか。ある事典★2が区分したヘイト

★1 ファグ fag 同性愛者を見くだすスラングのひとつである「ファゴット」を短縮したもの（63ページ参照）

表現の段階を問いにしてみた。単純に不快だったり非道徳的な表現を選べというのではなく、刑事罰を受けるべき表現はどれかという質問である。ヘイト表現に対するいちばん強力な対応は、ヘイト表現を「罰則化」することだ。刑事罰の法整備化はスカッとした解決策だが、それだけに一長一短がはっきりしている。ひとまず国家が公式的にヘイト表現を「犯罪行為」へと拡張することは、それ自体に大きな意味がある。その象徴的な意味が持つ波及力は、決して小さくないだろう。同時にその限界と副作用も見過ごせない。

ヘイト表現規制の上をいくヘイト表現

何よりもまず、刑事罰がヘイト表現への効果的な対策になりうるのかを問わなければならない。乱用の可能性など刑事罰化によるさまざまな副作用を減らすためには、構成要件を厳格にして狭く設定するほかはない。たとえば「憎悪扇動」に当たるものだけを処罰するなどだ。

しかしこの場合、扇動には当たらないが実際に深刻なヘイトと偏見を助長する表現については なすすべがないこともありうる。[3] たとえば冒頭の**ヘイト3**、**ヘイト4**、**ヘイト5**を憎悪扇動だとして処罰すればヘイト主義者たちは表現を純化させ、**ヘイト1**と**ヘイト2**のように遠回しに表現するようになるだろう。抽象的で一般的な意見を提示するかのように装ったり、象徴的で暗示的な表現を活用することで、巧みに法の網をくぐりぬけるはずだ。[4] 戦略的なヘイト表現発話者は処罰されず、不注意で感情的な人だけが法の審判を受けることにもなる。

問題はヘイト1とヘイト2の表現レベルが低いからといって危害が少ないわけではないという点だ。戦略的な扇動家はヘイト1とヘイト2くらいの表現であっても扇動の効果をいくらでも出せるだろう。おそらくネット右翼によるコミュニティサイトではヘイト1とヘイト2のように、したい話をしながら法の網を潜り抜ける「テクニック」が広く紹介されるだろう。この状況でヘイト3、ヘイト4、ヘイト5だけを法規制の対象とするのなら、法は危害の深刻さによって表現を選別し規制するのではなく、法で規制「できる」表現だけを規制するはめになってしまうかもしれない。

法によって本当の問題解決を?

ヘイト表現が禁止されれば社会の言論が合法表現と違法表現に二分化され、これまで道徳・非道徳、社会的・反社会的など多様な価値判断によって議論されていたものが、合法・非合法という論点に変貌する可能性がある。[5] 以前は反社会的だと批判されたものが「合法だというのに何が問題なのか」という形のとんでもない正当化の仕組みをもつことにもなる。刑法の判断は一刀両断だ。有罪でなければ無罪である。理論上、無罪は「国家刑罰権を動員する問題ではないこと」が消極的に表明されたにすぎないが、現実社会における無罪は「問題なし」と理解されることがほとんどだ。

刑法などによる罰則化によって問題解決のための政治的エネルギーが、処罰にだけ集中するという問題もある。[6]「合法」だと認めれば社会はそれを「問題なし」と受け取り問題解決のための追加努力を避けたりもする。一方、「非合法」と判決を下し処罰に成功すれば問題が解決されたという錯覚がうまれ、国家は自分の役割を果たしたという免罪符をもらって、より重要な根本的問題解決をなおざりにする可能性がある。

法が発話者処罰のみにとどまるのも問題だ。ヘイト表現の原因には複雑な政治・社会・経済的背景があり、これらを度外視したままヘイト表現の「発話者」のみ処罰するのは、本当の問題解決とはほど遠い。[7] 犯罪をうむのは「社会」なのに、処罰されるのは罪を犯した「人」になるという問題だ。禁止と処罰によって表面上では法規制が成功したように見えるかもしれないが、水面下にあるヘイトと差別は常に別の形態で現れる可能性がある。

ヘイト表現規制の誤まった乱用が主に民主主義と人権保障の水準が低い国で現れた点を注意深く見るべきだ。[8] 韓国のように表現の自由の保障水準が低い場合、ヘイト表現禁止法の導入が諸刃の剣になる公算が大きい。[9] 表現の自由を抑圧するしくみが残っている状況で、新しい規制が追加されると国家規制の総量が拡大される結果をうみ、[10] 結局本来の意図とちがい「国家が悪い表現を禁止できる」というメッセージを与える可能性があるからだ。[11] 実際にヘイト表現が禁止されれば北朝鮮に融和的な表現も規制すべきという主張が出ないという保証はなく、これが政治的反対者の声を抑えるのに悪用されるかもしれない。

刑事罰化の条件

もし「憎悪扇動」にあたる表現だけを刑事罰の対象にするのであれば、**表3**のような基準が提示できるだろう。ここ最近、国際市民社会がヘイト表現に対する刑事罰の範囲を縮小することで、その副作用を最小化しようとする試みに関心を持ち始めた点に注目してみよう。[12] **表3**は表現の自由を擁護する国際人権団体であるアーティクル19が憎悪扇動を判断する基準として提示したものだ。[13]

［表3］ 扇動テスト（Incitement Test）

脈絡	▶ 暴力など社会的衝突があったかどうか
	▶ 制度化した差別が存在しているかどうか
	▶ 聴衆とマイノリティ集団が互いに衝突した歴史があるかどうか
	▶ 差別禁止法と表現の自由に関する法律があるかどうか
	▶ メディアがどれくらい多元的で公正なのか
発話者	▶ 発話者の公的地位
	▶ 発話者の権威と影響力
	▶ 特に政治家、公職者の場合は特別に取り扱われるべき
意図	▶ ヘイトを鼓舞するのに関与しようという意図
	▶ マイノリティ集団を特定しようという意図
	▶ 自身の発言がどんな結果をもたらすのかについての認知の有無
	▶ 表現の拡大範囲と反復性
内容	▶ 何を鼓舞しているのか：暴力扇動かどうかなど
	▶ 聴衆
	▶ 差別扇動の対象（マイノリティ集団）
	▶ 表現の刺激性、挑発性、直接性のレベル
	▶ 排除事由：芸術的表現、宗教的表現、学術的意見、公的言論に寄与
	▶ 明白な虚偽なのか、価値判断の問題なのかどうか
範囲と大きさ	▶ 制限された聴衆だけを対象にしたかどうか
	▶ 表現の伝播手段
	▶ 表現の強度と規模：反復性、伝播範囲など
危害発生の可能性	▶ 差別、暴力、敵対行為に対する直接的な要請なのかどうか
	▶ 話者が実際に影響を与えられる状況なのかどうか
	▶ 聴者が実際に影響を受ける可能性がある状況なのかどうか
	▶ マイノリティ集団が実際に差別を経験しているかどうか

ヘイト表現を刑事罰とする国々はたいてい「憎悪扇動」に該当するヘイト表現を規律しているが、アーティクル19が提示した基準はさらに具体的で厳格だ。表現の自由を擁護する団体にふさわしく、表現の自由を危うくしない水準でヘイト表現を規制するために細心の基準を準備したのだ。実際、危険性が高い「暴力扇動」だけを規制しようという提案もある。[14]

米国で表現に対する国家介入の尺度に活用されてきた「ブランデンバーグテスト[★1]」によれば、「即刻的な違法行為を刺激しつくり出すことをめざしており、そのような行動を扇動したりつくり出す可能性があるとき」[15]にだけ国家介入が正当化され、このとき不法行為は暴力や公共秩序の乱れを意味するものと解釈される。[16]この基準を適用すれば、差別、敵意に対する扇動は除外され、暴力への扇動のみが犯罪化される。[17]こうなると規制範囲がかなり狭まってさらに明瞭になり、暴力がさしせまった状況では思想の自由市場を通した解決を試みる余裕がないという点で、国家介入の正当化もいっそう容易になる。[18]この要素は刑法の構成要件にできる限り詳しくふくまれるのが最も望ましく、法適用の過程でも参考になりうる。

そうすれば聴衆の行為を触発する直接的な扇動、インターネットで繰り広げられる反復的で露骨なヘイト表現、ヘイト表現からの人権救済申請に対する報復などを刑事罰化することが優先的に考えられる。[19]適切な水準に規制範囲を狭めれば、ヘイト表現の規制が表現の自由と衝突するとは言えないだろう。[20]

しかしこのように規制範囲を狭めれば、副作用や乱用の可能性、表現の自由との衝突可能性を遮断することはできるだろうが、極端な形態のヘイト表現のみ規制対象になるという問題が生じる。ここに含まれないヘイト表現への対策は、刑事罰ではない別の方法に頼らなければならないということになる。規制範囲を広げても、狭めても問題が生じる。これが刑事罰化のジレンマだ。

処罰がヘイト表現を減らせるのか

ヘイト表現の規制はヘイト表現を防いだり減らすことに寄与しなければならないが、ヘイト表現の刑事罰化でそのような効果を得られるかは未知数だ。実際、刑事罰化を施行している国々でも、効果があるのかがまともに検証されたことはあまりない。[21]ドイツは世界で最も強力なヘイト表現禁止法を施行しているが、ここ最近、反イスラム・反移民感情が大きくなる中で極右勢力によるヘイト犯罪が2014年の1029件から2016年の1698件に大幅に増えたそうだ。[22]表現の段階で強力な立法措置を取っているにも関わらず、そこで派生する犯罪行為を止められずにいるのだ。

ヘイト表現を規制している国で、思ったより執行実績が少ない点にも注目すべきだ。実際にヘイト表現が処罰された件数はイギリスが毎年3〜4件、ドイツやフランスも100件から200件程度にすぎずそのほとんどが罰金刑ですむという。[23]常識的に推定してみると、これらの国でヘイト表現に該当する実際の事例はこれよりはるかに多いだろう。にもかかわらず処罰件数が少ないということは法的ヘイト表現の範囲がとても狭かったり、あるいは重要な事件だけを選んで起訴したということだ。[24]

もちろん刑事罰化が必ずしも全てのヘイト表現を1つ残らず摘発し、処罰してこそ意味

★1 ブランデンバーグテスト
Brandenburg Test

があるというわけではない。[25] 刑罰を科すことの「象徴的機能」に注目する必要がある。ヘイト表現に対する禁止と処罰が、一方では国家がマイノリティの人権を保護しているサインとなり、彼らを安心させる。また一方で市民社会に向けてヘイト表現に寛容ではないという道徳的アイデンティティと社会的価値を確認させるのだ。[26] このとき、ヘイト表現禁止法は「公的宣言」[27]としての象徴的価値[28]をもつ。

心理学者のゴードン・オールポート★1は、これと関連して法が人々の偏見を直接なくすものではないが、マイノリティを差別してはならないという事実を公式化し人々の行動を誘導することによって、考えと感情に影響を及ぼす教育的機能を遂行できるとした。[29] 法が極端な偏見をもった扇動家の行動までは防げなくても、一般大衆には十分な行為動機を与えられるということである。

レッスン3で紹介したマーサ・ヌスバウムも、法だけで社会変化が可能だと考えてはならないとしつつも、法が「弱者階層の権利を保護し、社会全体に自由と平等はわたしたち全員のために作られたものであることを知らせるサインを送る」[30]という点に注目している。だとすれば執行実績があまりないだとか、ヘイト表現根絶に直接の効果がないというのは、刑事罰化の決定的な問題ではない。[31] 狭い範囲の重大なヘイト表現のみ規制するとしても問題にはならない。ヘイト表現が「犯罪」と認められたことだけでも「国家の強力な処罰意思」を見せつけることができるからだ。[32] 必ずしも強い処罰が必要なわけでもない。懲役刑のかわりに罰金刑だけでも象徴的な目的は達成できる。

もちろん象徴機能が唯一の目的であれば、必ずしもヘイト表現を刑事罰化する必要はない。[33] 国家の意志を見せるという方法は、刑罰を科さなくてもいくらでもあるからだ。[34] たとえばヘイト表現が暴力や実際の差別につながった瞬間から容赦なく罰したり（憎悪犯罪法と差別禁止法の強力な施行！）、政治指導者がことあるごとに意志を明らかにしたり、教育などを通して多様な反ヘイト表現政策を行うだけでも、国家の意志が明確になるだろう。だとすれば、罰則条項なしで差別禁止法にヘイト表現を禁止するという宣言的な条項だけを置くだけでも意味があるはずだ。[35] 同じような理由から、日本のヘイトスピーチ解消法が罰則条項がないという理由によって低く評価されてはならない。刑事罰化は「やや強力な」意志を表明する方法ではあり得るが、唯一の方法ではないということだ。

結局ヘイト表現を刑事罰化すると言っても刑事罰化できないヘイト表現は別のやり方で規制しなければならず、根本的な問題解決は別途、ヘイト表現が根付かないようにする環境形成的な措置に任されるしかない。刑罰を科すことに何が何でも反対するのではない。ただしその効果を誇張してはならず、刑事罰化によって得られるものと得られないものを念頭に置くべきだということだ。

★1 ゴードン・オールポート
Gordon Willard Allport,

レッスン12
ヘイト表現の解決方法はひとつではない

「差別是正機構というコントロールタワー」

朴槿恵《パククネ》大統領弾劾《だんがい》を求めるろうそく集会[★1]の時のことだ。ヒップホップグループDJ DOCの新曲に、女性嫌悪的な内容が入っているという指摘があり、彼らは結局、集会のステージにあがることができなかった。国会の議員会館ロビーで行われた展示会では朴槿恵の風刺絵が女性嫌悪作品だという理由で展示が中断された。どちらの出来事でも「表現の自由」が提起された。表現が制限を受けたのは事実である。つまり表現が規制されたのだ。

しかしここでの規制と制限は、刑事制裁とは無関係だ。ヘイト表現の規制をめぐる賛否を見ると、そのほとんどが「刑事罰」を規制の前提にしているようだ。しかし現実にはヘイ

★1 弾劾を求めるろうそく集会　2016年、朴槿恵大統領の友人、崔順実《チェスンシル》が国政に介入した疑惑を機に、市民らが大統領の退陣と弾劾を訴えた集会。参加者の大半がろうそくを手にしたことからこの名称がついた。朴槿恵はその後、国会で弾劾訴追され、憲法裁判所に罷免された後、大統領の職を辞した

ト表現を規制できる方法は、刑事罰だけではない。

禁止する規制、環境形成する規制

ヘイト表現の規制を論じるためには、「規制」とは何かを整理する必要がある。そうすればこそ、その「規制」について賛否をめぐる議論をくり広げられるからだ。おおよそ区分してみると、規制はヘイト表現を「禁止する規制」とヘイト表現を生まない環境づくりのための「環境形成する規制」に分けられる。前者は刑事規制、民事規制、行政規制で、後者は国家・法的規制、自律的規制に細分化される。

まず表現の自由を増進させる介入から探ってみよう。先に「環境形成する規制」と表現したものは、そのほとんどが表現の自由を増進させる介入に属する。ヘイト表現を禁止し撃退するのではなく、より多くの表現を活性化させて、マイノリティ集団と市民社会がヘイト表現について耐性を持てるように支持し支援する政策を実施するのだ。具体的には教育、広報、政策、支援、研究など多様な方法があり、体系的な政策樹立と執行のためには、差別禁止法の制定が必要だ。差別禁止法には差別の禁止と差別からの人権救済だけではなく、差別を根本的に一掃する国家レベルでの対策が法制化されなければならない。

このとき「禁止する規制」は不要だろうか。そうではない。環境形成する規制レベルでは解決できない場合があるからだ。いくら思想の自由市場が機能しても自浄ができないなら介入は避けられない。自由主義者たちも、市場原理が働かない場合には人為的介入に反対しない。むしろ真の競争のために積極的な介入が必要だと主張したりもする。ヘイト表現についても同じだ。社会的自浄が難しいほどすでにその危害が大きかったり、危害が明白で切迫していて事前予防が必要な場合は強制介入が避けられない。また社会的影響力が強い領域のために事前措置が必要だったり、権力関係があるために社会的弱者の反撃

［表４］ヘイト表現の規制方法

禁止する規制	刑事規制	刑事罰	
	民事規制	損害賠償	
	行政規制	差別からの人権救済、放送審議	
環境形成する規制	国家・法的規制	教育	公務員の人権教育と市民の人権教育
		広報	国家レベルの広報・キャンペーン・映画・映像物制作による啓発活動
		政策	公共（教育）機関での反差別政策の施行
		支援	マイノリティ（集団）に対する各種支援
		研究	差別問題に対する調査、研究
	自律的規制	スポーツ・ネット領域での自律規制、私企業・大学での自律規制、人権・市民団体の反差別的運動	

が事実上不可能な場合も、同様だ。[1]

刑事規制

２００４年、スウェーデンでは同性愛を非難する数百枚のビラをまいた人たちが処罰された。ビラには、同性愛を「社会の本質に道徳的に破壊的な効果」を及ぼす「性的な逸脱性向」とみなし、同性愛の「乱れた生活方式」のせいでＨＩＶ－ＡＩＤＳが拡散していると非難する内容が書かれていた。[2] このビラは特定の者を非難してはいなかった。しかし人種、皮膚の色、民族的または民族的ルーツ、宗教的信念、性的指向などと関連し、ある集団を脅したり蔑視することばを広める行為を処罰するスウェーデン刑法によって処罰された。これがまさにヘイト表現に対する処罰だ。

ヘイト表現を「禁止」し、発話者を「処罰」することは、ヘイト表現に対する最も強力な対策だ。国際人権規約でも自由権規約20条2項の「禁止」、人種差別撤廃条約4条の「犯罪」という規定でヘイト表現が刑事犯罪であることを確認している。欧州評議会の「サイバー犯罪条約追加議定書」[3]も「刑事罰」について明示している。前述したように、かなりの国がヘイト表現を刑事罰化しているが、韓国には関連規定が皆無だ。

刑法などによる罰則化を進めるなら、ヘイト表現の範囲を確定しなければならない。レッスン3で区分した3類型のヘイト表現の中で3番目の「憎悪扇動」[4]が、まず刑事罰の対象になりうる。[5] 国際条約が禁止するヘイト表現の類型も憎悪扇動だ。実際に自由権規約と人種差別撤廃条約は、差別、敵意、暴力に対する「扇動」と「唱道、鼓舞」[★1]などをヘイト表現の主要な構成要素として活用している。各国のヘイト表現禁止法も事実上、憎悪扇動を対象にしている。

ドイツ刑法の「憎悪を扇動する」★2、「暴力的・恣意的措置を促す」、カナダ刑法の「憎悪を扇動する」、「憎悪を意図的に助長する」★3、イギリス公共秩序法・人種宗教ヘイト法の「憎悪誘発★4を意図する」などの構成要件が代表的だ。一方、デンマークやニュージーランドのように、ヘイト表現を拡散することを規制対象としているのは、憎悪扇動よりも広い範囲を犯罪としているからだ。

民事規制

2015年10月、チョ・ウソクKBS★5理事（当時）は、ある討論会で「左派の中でも同性愛者の群れは汚らわしい左派だ」、「同性愛者たちが目指すのは、究極的には国家転覆だと確信している」、「同性愛者と左翼の汚らわしいコネクションについて、これ以上の証拠は必要がない」などと発言した。[6] 言うまでもなくヘイト表現だ。しかもチョ理事はその場で2人の同性愛者の実名を出した。同性愛者、障がい者、女性などの集団を一般的に指してヘイト表現をする場合には、ヘイト表現禁止法が制定されてこそ処罰が可能だが、これほど具体的に誰かが特定されるのであれば、民事上の不法行為が成立しうる。[7] 刑事罰化が発話者処罰に焦点を置くとすれば、民事規制は損害の原状回復を目標とするという点に違いがある。合理的疑いを排除するレベルになってはじめて有罪になる刑事裁判と比べて、民事裁判は相対的に立証程度が低いため、特定された個人をもう少し救済しやすい可能性がある。[8]

★1 **鼓舞** advocacy
★2 **憎悪を扇動する** incites hatred
★3 **意図的に助長する** wilfully promotes hatred
★4 **憎悪誘発** stir up
★5 **KBS** 韓国の公共放送局

行政規制：差別是正機構の設置

差別されたときは、差別を是正するための独立機関に陳情することができる。韓国の場合は、国家人権委員会が差別是正機構の役割を果たしている。

ヘイト表現は差別を間接的に引き起こしたり助長するという点で、それ自体が差別行為とみなされたりもする。関連規定をそのように解釈することもでき、最初から関連法にヘイト表現を差別行為として定めることもできる。国家人権委員会による差別是正は裁判の手続きにかかる時間、費用や立証の難しさなどの問題を解決し、被害者に寄り添った救済手続きを提供する。[9]

差別された被害者や第三者は、簡単な手続きで陳情することができる。差別是正機構は被害者側に立って積極的に差別による被害を調査し解決するために必要だ。このとき臨時措置、調整、是正勧告(差別行為の中止、被害の原状回復、差別行為の再発防止のための措置、教育履修)、是正勧告不履行時の是正命令、履行強制金の賦課、損害賠償などの多様な方法によって問題を解決していく。[10]

差別是正機構の措置は『説得と協力に基盤を置いた非権力的方式』を通じて、当事者たちが自律的解決を図ることを基本とする。[11] 強制力をもった措置を取れないため限界があるが、積極的かつ未来志向的に被害者によりそう方向に社会を導き出せるという利点がある。また単純に該当事案への救済だけをするのではなく、教育、広報など多様な環境形成的措置を勧告することによって問題を根本的に解決するための努力もしている。

環境形成する規制

　刑事規制、民事規制、差別是正はどれもヘイト表現を「禁止」する方式である反面、形成的★1、促進的★2、積極的★3に事件を予防する方式の規制もある。ヘイト表現の禁止、処罰による問題解決を事後的・消極的・否定的★4な措置とするなら、環境形成する規制はヘイト表現が社会に根付かないように「環境をつくり出す」肯定的★5な措置のことを言う。[12] ヘイト表現のビラ配布者を刑事処罰する方法もあるが、そのようなビラが学校で影響力を発揮できないよう学生を教育することも大切だ。そういった環境をつくるために教師が研修を受け、教育課程を準備して関連授業を進めることがまさに環境形成する規制だ。

　国家が直接、環境形成する規制に乗り出すこともできるが、市民社会がそれを自律的に行うことも可能である。まず国家は広報・キャンペーン、映画・映像物の制作支援、メディアによる啓発、マイノリティ集団に対する各種支援、公共機関と公共教育機関での反差別政策の施行、差別に対する国レベルの調査・研究、反差別市民教育、公職者に向けた人権教育、放送審議などの政策を施行することができる。[10] このような規制を「禁止する規制」と対比して、「環境形成する規制」と呼ぶ。国家が関与する環境形成する規制の相当部分は、勧告・諮問機能、教育・広報機能を持つ差別是正機構が担当することが多い。

　市民社会も環境形成する規制に参加することができる。[14] たとえばサークルや同好会など各種の集まりでもヘイト表現に対するガイドラインをつくることができるだろう。一種の内部規定をつくり強制力をもたせることもできる。まだ学生運動が盛んだった

★1 **形成的** formative
★2 **促進的** facilitative
★3 **積極的** affirmative
★4 **否定的** negative
★5 **肯定的** positive

1990年代、韓国の大学で性暴力・セクハラ問題がわき起こったときには、性暴力・セクハラ関連の学則制定とともに性暴力・セクハラ自治規約制定運動がくり広げられたりもした。学生会、学会、サークルなど学生の自治組織で性暴力・セクハラ問題を討論し、自治規約をつくってそれを順守しようという運動だった。[15]

ヘイト表現についても似たような対応が効果的かもしれない。2016年、ソウル大学では学部・大学院総学生会が人権ガイドラインの草案を示した。[16] ここには、「ソウル大学の構成員は個人の固有の特性に対する偏見に基づく言語的暴力、財産の盗難および損壊、身体的危害及びその威嚇など（ヘイト暴力及び憎悪犯罪）の対象にならない」（4条2項）という規定が置かれている。大学という空間でヘイト表現を規制した初めての試みだと言える。ヘイト表現を予防するための人権教育やワークショップを通して構成員自らがヘイト表現にどうやって対応するのか、つまりどのようにヘイト表現のターゲットになったマイノリティを保護しヘイト表現の発話者を孤立させるのかを共に討論しトレーニングするのも、すばらしい対策だ。[17]

このような実践は大学だけではなく社会のさまざまな領域で実行されており、その中でも漫画家たちの自律した対応事例が印象的だ。「表現の自由と責任：漫画家が気をつけるべきヘイト表現」[18]という資料を作った漫画家のチェ・インスは、作者の責務から背を向けてはならないとし、漫画という特性に合わせ漫画家が気をつけるべきヘイト表現を段階別に提示した。ヘイト表現が脈絡と媒体によって多少異なる基準が適用される点を考慮すれば、このような特定領域での自律的実践は大きな意味をもつ。他にもスポーツ・ネット領域の自律規制、企業の自律規制、市民社会の各種反差別キャンペーンなどが環境形成する規制の事例だ。

規制反対論者はこのような方式こそ、ヘイト表現を規制するいちばん効果的な方法だと主張する。アメリカ市民権連盟のような市民社会団体が「もっと少ない表現(＝規制)ではなく、さらなる表現が最高の復讐」[19]だと言うのは、ヘイト表現を放置しようというのではなく、市民社会の自律的な努力でヘイト表現に立ち向かうべきということだ。[20] ただしこれらの領域での自律的規制が、ヘイト表現に対する「禁止」措置になる場合を考えてみよう。たとえば大学で表現綱領によってヘイト表現を禁止する場合には、厳密にはこれを環境形成する規制だと見ることは難しく、規制反対論でもこのような措置が表現の自由を侵害すると見なす。[21] 特定の領域では自律的規制に属すが、局地的な次元では禁止規制にあたるからだ。

コントロールタワーが必要だ

ヘイト表現の規制について専門家は、今まで説明したいくつかの規制方法をさまざまに活用すること、つまり包括的で多様な層位《レイヤー》のアプローチが必要だと口をそろえて言う。[22] 刑事罰化、差別からの人権救済、民事規制、環境形成的措置などのさまざまな規制方法を適材適所に配置して活用すべきということだ。このとき重要なのが差別是正機構の役割だ。差別是正機構はふつう諮問・勧告と教育・広報機能まで備えていることが多い。つまり環境形成する規制の相当部分は差別是正機構の役割であるため、差別的ハラスメントだけでなく差別の表示行為などヘイト表現規制も差別是正機構が担当できる。民事規制や刑事処罰へと進む前に、一種の関門的な役割も担う。差別是正機構はこのすべてを管掌し、ヘイト表現規制と差別撤廃のためのコントロールタワーの役割を果たすことになる。

レッスン 13

ヘイト表現を規制する方法

「差別禁止法の制定を！」

米国は世界で最も広範囲に、そして強力に表現の自由を保護する国として知られるが、すべての表現が自由を享受しているわけではない。たとえば、暴力(犯罪)扇動、実際の脅威、けんかを売ることばは米国でも違法だ。これは「ことば」だけにとどまらず、実質的な危害を引き起こすからだ。社会の自浄にまかせる余裕もなく危害が発生するという点で、先制的な介入が避けられない問題でもある。

他人のプライベートを侵害したり感情的なストレスをぶつけたり、国家・軍事機密を公開するのも違法だ。それ自体が危害を招くからだ。差別に直結する表現も禁止している。

レストランに「有色人種出入り禁止」という案内を出せば、有色人種の出入りを「実際に」禁止する結果に直結するため、それ自体が差別になる。同じことばだとしても、誰がどのような脈絡で言うのかによって規制対象になりうる。有色人種を非難することばを街の真ん中で叫ぶのは自由だが、学校や会社で教師や上司が有色人種の学生や社員を非難することばを発すると懲戒処分を受ける。権力関係がある限り、自由で平等な競争は不可能なため思想の自由市場が働く余地がないと見るからだ。

国際基準も同様だ。自由権規約19条3項は他者の権利の尊重などの理由があれば、表現の自由が制限されうると規定している。韓国の憲法37条2項も国家安全保障、秩序維持、公共の福利などの理由があれば必要な限度内で表現の自由など基本権が制限されると規定している。要するに表現の自由は不可侵なものではなく「限界」、「制限」または「例外」があり得るということだ。

問題はどんな規制をどのようにするのかだ。研究者の視点で見ると、できるだけ表現の自由を増進させる介入を優先視しつつも(レッスン10)、刑事罰の副作用を最大限避けながら(レッスン11)多様な規制方法を適材適所に配置すること(レッスン12)などを、一般的な原則として提示できる。

このような原則にそってヘイト表現規制の全体を整理したのが、**表5**である。表現の自由を増進させる介入をいちばん中心に置き、表現のレベルを超えて差別や暴力に進んだ場合には強力に規制する。そしてヘイト表現自体を禁止するのは雇用、サービス、教育などの、自律に任せるのが難しい領域のほか、放送、広告、インターネットなど公共性が強い領域に限定する。ヘイト表現のうち最も危害が大きくて立証しやすい憎悪扇動については、刑事規制をするのが基本的な構想だ。

［表5］ヘイト表現規制の構想

	内容
表現の自由を増進させる介入	教育、広報、政策、支援、研究
ハラスメント規制	雇用・サービス・教育領域における差別的ハラスメントの規制
公共領域の規制	放送・広告・インターネットでの規制
憎悪扇動の規制	憎悪扇動に対する刑事罰
差別禁止・憎悪犯罪の処罰	差別行為の禁止、憎悪犯罪の可視化・加重処罰

ハラスメント規制：雇用・サービス・教育領域

思想の自由市場の円滑な働きを期待できない代表的な領域が、雇用・サービス・教育領域である。上司と部下、教師・教授と学生の上下関係においては自律的解決が期待できないからだ。職場で上司が部下に同性愛者という理由でハラスメントをしたり、学校で教師が学生を女性という理由で差別する場合をめぐり、「自律に任せよう」、「正面からやりあえば良い」というのは無責任なのだ。

権力関係にある状況でのヘイト表現を、まずは規制対象とすべきだ。実際にこのような領域でのヘイト表現は差別に直結する。女性嫌悪発言が蔓延している会社の女性が、平等な待遇を受けているはずがない。教授による性的マイノリティへのヘイト発言が野放しにされている大学では、性的マイノリティの学生はいろんな不利益を被っている可能性が高い。「いま現在、この場所」韓国のヘイト論争2（64ページ）で紹介した「差別的ハラスメント」がまさにこれに該当する。

表現の自由が広範囲に保障されている米国でも、このようなハラスメントは規制の対象だ。[1]道ばたで「黒人はアフリカに帰れ」と叫ぶのは処罰されないが、会社の社長が黒人の社員たちに「おまえらはアフリカに帰れ」と言えば、それは「差別行為」として規制される。むしろ米国ではこのような類型の差別行為を懲罰的損害賠償などの法理を活用して、さらに強力に規制したりもする。いくら自由の国といっても、自律的に解決できない厳しい現実を放置してまで、自由を掲げているのではない。米国の会社や大学などは「表現綱領[★1]」を制定し、構成員の表現を規制することが多い。公共機関や教育機関の職員たちのヘイト表現も行動綱領、内規、指針（ガイドライン）などの形態で規制されている。このときに規制対象となる表現は、そのほとんどがセクハラやヘイト表現だ。

公共領域の規制：放送・広告・インターネット

放送のように公共性があって影響力が莫大な領域でも、ヘイト表現の規制が必要だ。韓国の放送法には放送の公的責任として人間の尊厳の尊重(5条)、放送の公正性・公益性として差別禁止、マイノリティ集団・階層の利益の忠実な反映などが規定されている。放送の公正性と公共性を審議する「放送審議に関する規定」には差別禁止に関する事項が含まれている(33条2項8号)。「放送審議に関する規定」には「放送は性別、年齢、職業、宗教、信念、階層、地域、人種などを理由に放送編成に差別を入れてはならない」(9条5項)、「放送は地域間、世代間、階層間、人種間、宗教間差別、偏見、葛藤を助長してはならない」(29条)、「放送は人類の普遍的価値と人類文化の多様性を尊重し特定の人種、民族、国家などに関する偏見を助長してはならず、特に他民族や他文化などを冒涜したり侮辱する内容を扱ってはならない」(31条)という内容が入っている。

新聞、雑誌などの定期刊行物、ニュース通信、インターネット新聞などメディアの社会的責任は「新聞などの振興に関する法律」、「雑誌など定期刊行物の振興に関する法律」、「ニュース通信振興に関する法律」などに規定されている。特に言論仲裁委員会という法定機構がメディアに対する一定の規制機能を遂行している。「言論仲裁及び被害救済などに関する法律」によれば、言論仲裁委員会が言論報道の内容を審議しメディアに是正を勧告できるが(32条)、このために「是正勧告審議基準」10条の2に「差別禁止」が規定されている。ここでは「言論は個々人の人種、宗教、性別、肉体的・精神的疾病や障がいを理由とした偏見的または軽蔑的な表現を慎まなければならない」(1項)、「報道の過程でその表現が事案の説明に直接的な関連がない限り、個々人の人種、宗教、性別、肉体的・精神的疾病や障がいに関する詳細を過度に報道してはならない」(2項)と規定している。すなわち現行放送

★1 表現綱領 Speech Code

法などでもすでに一部ヘイト表現が禁止されており、条項を少しだけ整えれば新聞や放送でのヘイト表現は十分に規制できるという話だ。

次に問題になるのは広告である。広告は公共性よりも、影響力という点からすでに規制を受けている。レッスン4で前述したウォルドロンの議論を借りるなら、広告は差別のない環境づくりにかなり重要な役割を果たしていると言える。広告だからといってマイノリティを差別する内容が至るところに堂々と掲げられていれば、マイノリティが自由で平等な社会的地位を享受することは難しいだろう。現行法上「屋外広告物などの管理と屋外広告産業の振興に関する法律」が禁止する広告物には「人種差別的または性差別的内容として人権侵害のおそれがあるもの」(5条2項の5号)が含まれており、「放送広告審議に関する規定」にも「放送広告は国家、人種、性、年齢、職業、宗教、信念、障がい、階層、地域などを理由に差別、偏見、葛藤を助長する表現をしてはならない」(13条)という内容が入っている。メディアの場合と同様に条項を少しだけ整理して適切に執行すれば、広告によるヘイト表現は効果的に規制できるはずだ。一方、このように個別法に規定を置いていても、差別禁止法に広告、放送、その他メディアに適用されるヘイト表現禁止を明示する一種のヘイト表現規制の一般規定を置く必要がある。

インターネットもヘイト表現の問題が深刻な代表的領域だ。ネット上のヘイト表現については、その特性を勘案した規制が必要だ。現在も放送通信審議委員会が「情報通信網の利用促進及び情報保護などに関する法律」に基づき「違法情報」(同法44条の7)を規制でき、情報通信サービス提供者も自身の情報通信網の違法情報に対して臨時措置をとることができる。違法情報の基準となる「情報通信に関する審議規定」には「障がい者、高齢者など社会的に阻害されている階層を貶める内容」、「合理的な理由なく性別、宗教、障がい、年齢、社会的身分、出身、人種、地域、職業などを差別したり、これに対する偏見を助長する内容」(8条3項)などを審議対象とみなしており、すでにヘイト表現を規制する基本的な根拠はあるわけだ。ここにヘイト表現の概念をもう少し充実させて反映すれば、十分に効果的な規制ができるはずだ。特に憎悪扇動に該当するヘイト表現をもう少し集中的に規制すれば、効果を最大化させ表現の自由の萎縮などの副作用を減らせるだろう。[2]

またオンライン空間については、基本的にインターネット事業者の自律規制または共同規制がより効果的で副作用も少ない方式として提案されてきた。[3] 国家が介入してもインターネット事業者の自律的な措置が後押しされなければ、効果は限定的だ。2016年、欧州委員会★1がフェイスブック、ツイッター、ユーチューブ、マイクロソフトなどIT企業と「オンライン上の違法ヘイトスピーチに対抗する行動規範」を採択し、共同対応に乗り出したのが参考になるだろう。[4]

憎悪扇動の規制：差別禁止・憎悪犯罪の規制

もし差別と暴力が実際に起こり得る緊迫した状態があるならば、市民社会の自律的な解決を期待するのは難しい。明白かつ現在の危険がある場合には、国家が刑事罰で対応するのが当然だ。「憎悪扇動」がまさにこれに該当する。憎悪表現の類型の中で唯一、刑事罰化が必要な類型が憎悪扇動だ。実際、主要国では憎悪扇動を刑事罰として法整備しており、いくつもの国際基準によっても憎悪扇動は禁止が必要な類型に分類される。憎悪扇動が

★1 欧州委員会
European Commission

刑事罰化されるとすれば、レッスン11で言及した「象徴的機能」が極大化されたと言える。憎悪扇動を刑事罰化することは、ヘイト表現のさまざまな類型の中で最も危害が大きい行為を規制するという直接的な効果に加えて、国レベルでヘイト表現を禁止しているということを確認させてくれる仕組みになるだろう。

刑事罰化は一つの方法に過ぎない

レッスン4で、偏見→ヘイト表現→差別→憎悪犯罪につながる流れを示す「ヘイトのピラミッド」を紹介した。偏見はどのみち規制対象にはなり得ず、ヘイト表現の規制が簡単でないとすれば、差別と憎悪犯罪を厳しく処することによって、ヘイト表現を最大限萎縮させることができる。表現自体は規制しないが、表現という線を超えた瞬間、強力に対処するという戦略だ。先述したように、韓国では国家人権委員会がその任を務める。差別是正機構を通して差別行為を規制し、憎悪犯罪法によって憎悪犯罪に対処することは、民主主義国家の普遍的な政策となっている。ヘイト表現禁止法のように表現の自由を巡る議論もない。差別行為と憎悪犯罪はその実体が明らかなので、規制が難しかったり、規制による副作用が発生する素地がほとんどないのだ。

このような規制を推進する過程で最も警戒しなければならないのは、ヘイト表現に関する法政策が刑事罰によって狭まったり、刑事罰化されれば十分であるかのように誤解し、別の措置の推進を妨げる場合だ。刑事罰化の意味は極端な形態のヘイト表現禁止と国レベルでの意志を示す象徴的措置にすぎない。しかしながら刑事罰の法整備化が別の規制手段を窒息させるとすれば、その意義は小さくならざるを得ない。したがって差別禁止法制定によって表現の自由を増進させる介入とハラスメント禁止、差別行為の禁止、そして追加的に憎悪犯罪法を通した憎悪犯罪の可視化がまずは優先的に追求されなければならず、刑事罰化は全体の構図で一つの戦略的オプション程度に理解されなければならない。

ここでいう優先的とは、必ずしもそのような順序を踏まなければならないという意味ではない。立法状況がどのように変化するか、反差別・反ヘイト表現運動の方向がどのように展開されるかはわからない。刑事罰化に多少、留保的な立場であっても、その好機が来るとすればそれを拒む理由はないだろう。その時は乱用可能性がない法律になるように牽制し、別の規制措置の重要性が格下げされないようにすることが、重要な課題として持ち上がるだろう。

差別禁止法の制定が必要だ

憎悪扇動以外のヘイト表現に対する規制は、刑事罰より差別禁止法に基づくほうが望ましい。相談、調査、自律的解決、調停、勧告、訴訟支援など多様で柔軟なアプローチ方式をとる差別救済は、乱用可能性が小さいため、禁止されるヘイト表現の範囲を刑事罰に比べて多少広くしても差し支えない。[5] またヘイト表現を「差別」問題として一貫性をもってアプローチするため、別の差別と連動したヘイト表現に、より効果的に対応でき、差別と無関係な別の表現に対する国家の介入拡大につながる可能性も低くなる。実際、オーストラリアの場合、ほとんどの地域でヘイト表現に対する刑事罰と差別是正が施行されているが、適用事例がまれな刑事罰に比べて差別是正は被害者救済、公的言論の変化、教育的・象徴的価値などで効果をあげている。萎縮効果が出たり、自分の信念を曲げなかったために処罰された殉教者が増えるなどの問題は発生していないという。[6]

一方、包括的差別禁止法はこれまで説明したさまざまなヘイト表現に関する規制を全て網羅する法でもある。したがってヘイト表現対応のための立法措置の中で最も重要なの

［表6］ヘイト表現規制の構想と必要な法的措置

	内容	必要な法的措置
表現の自由を増進させる介入 ▼	教育、広報、政策、支援、研究	差別禁止法制定
ハラスメント規制 ▼	雇用・サービス・教育領域で差別的ハラスメント規制	差別禁止法制定
公共領域の規制 ▼	放送・広告・インターネットでの規制	差別禁止法制定、関係法の改定
憎悪扇動の規制 ▼	憎悪扇動に対する刑事処罰	憎悪扇動禁止法または差別禁止法、刑法（改正）に含む
差別禁止・憎悪犯罪の処罰 ▼	差別行為の禁止、憎悪犯罪可視化・加重処罰	差別禁止法制定、憎悪犯罪法の制定

は、当然ながら「差別禁止法」制定だ。全体の法的措置を示すため、表5に「必要な法的措置」を追加したのが**表6**である。

これから分かるように、刑事立法が必要な憎悪扇動を除外すれば、全て差別禁止法と関連している。表現の自由を増進させる各種介入は、ほとんど差別禁止法に根拠を置くことができる。差別禁止法はすでに発生した差別を事後的に規制する法であると同時に、差別を予防する措置の根拠となる法でもある。そのような点で差別禁止法のかわりに平等法、平等基本法という名称のほうが適しているという主張も提起されている。

これまで発議された差別禁止法案は、全てのハラスメントを差別行為の一つの類型として規定している。練り直さなければならない部分があるにしろ、全体的な趣旨と方向に問題はない。差別禁止法によってハラスメントが禁止されれば、既存のセクシュアルハラスメントと併せてマイノリティに対する多様な形態のハラスメントが規制できるであろう。

一方これまで発議された差別禁止法案は、差別を助長する広告も禁止している。これは広告の形式でことばにされるヘイト表現を規制するものと解釈できる。広告は特別影響力が大きく比較的規制が簡単だと判断して、広告だけを規制対象とみなしたと考えられる。しかし広告によるヘイト表現だけを規制対象とみなすことが、適切なのかは疑問だ。

広告に劣らず影響力が大きい放送や出版によるヘイト表現や憎悪扇動型ヘイト表現も、規制対象として検討する必要がある。そして差別禁止法は、差別行為を厳格に禁止して規制することによって、ヘイト表現が差別に移行することを防ぐのである。前述したように、これは間接的にヘイト表現を萎縮させる役割となりうる。

憎悪扇動を刑事罰化したり憎悪犯罪を加重処罰するためには別途、立法が必要だ。具体的には、ヘイト表現に刑事罰を科す法案がある。それが「ヘイト罪」新設法案だ。[7] 刑法に「人種および出生地域などを理由に公然と人を嫌悪した者は、1年以下の懲役または1000万ウォン[★1]以下の罰金に処する」という条項を追加する案である。問題は、このように包括的な構成要件では前述した刑事罰化の副作用が極大化する可能性が大きいという点だ。目的、対象、方法、適用排除事由などに関する、より具体的で明確な構成要件が提示されなければならない。またこの法案は人種と出生地域によるヘイトだけを処罰させているが、その理由が分かりかねる。深刻さが問題であるなら、出身国家、性的指向、性別アイデンティティ、障がい、性別を理由にしたヘイトが含まれるべきだ。

レッスン7で前述のとおり36年にわたる日本植民地支配を褒め称えたり、反人倫犯罪や民主化運動の否定を処罰する法案も発議されている。これはヨーロッパなどでホロコースト否定やジェノサイドの否定を処罰する「歴史否定罪」法案に分類されており、これもまたマイノリティに対するヘイト表現禁止法の一種とみなされる。しかし韓国社会では、日本の植民地支配を褒め称えたり反人倫犯罪、民主化運動の否定をマイノリティ差別の問題と見るのは難しく、大量虐殺につながる可能性があると見るのも難しいため、果たしてヨーロッパの歴史否定罪と同じ方式で正当化できるのかは疑問である。[8]

選挙で「特定地域または特的地域の人を見くだし・侮辱する行為」を禁止（過料処分）する内容の公職選挙法改定法案が発議されたこともある。[9] 地域差別発言は、韓国社会で問題の素地が大きいヘイト表現の一つだが、構成要件がかなり曖昧なことに加え、根本的には公職選挙法がすでに各種規制だらけであるため、地域差別発言に対する規制まで新しく追加しなければならないのかを考えてみるべきだ。

★1 1000万ウォン　約100万円

レッスン 14 政治が果たすべき役割

「同性愛に反対しますか？」
「もちろんです」

トランプ政権が誕生してから、それまで静かだった米国内のヘイト勢力が本格的に活動を開始した。２０１７年8月にはバージニア州シャーロッツヴィルで白人至上主義勢力の集会が開かれ、3名が死亡、30名余りが負傷する惨事が発生した。トランプ氏の極右政策と曖昧な態度が人種主義をあおったという分析が支配的だ。日本で嫌韓デモ隊がのさばったのもまた、当時の安倍総理の右傾化と密接に関係している。日本でヘイト表現に立ち向かい闘ってきた神原元《かんばらはじめ》弁護士は、日本にヘイト表現が蔓延したのは、政府と政治家たちの責任だと断言する。[1] 人種主義によって人命被害が発生しても「どっちもどっち論」を展開するトランプ大統領、そして在日コリアンに対して取ってきた差別政策によって嫌韓デモを事実上放置してきた、あるいはそれを暗黙的に支持してきた安倍総理の責任を見逃すわけにはいかない。

政治家や社会的有力者がどんな立場を取るのかは、社会に大きな影響を及ぼす。2017年、ゴールデングローブ賞受賞の演説でアメリカの俳優メリル・ストリープは障がい者を見くだしたトランプを批判し、公人の発言は人々の生活にまで影響を及ぼし、「ほかの皆も同じことをしても良いという許可を与えることになる」[2]と述べた。前述した「扇動テスト」で発話者の公的地位と権威と影響力が、憎悪扇動かどうかを決める重要な基準として提示され、特に政治家や公職者は特別に扱うべきだと指摘があるのも、同じ趣旨だと理解される。

実際ヨーロッパでは、政治家の発言にさらに厳格な基準が適用されている。2014年オランダの極右政党のヘルト・ウィルダース[★1]は、自身の支持者たちに「モロッコ人を減らしますか、増やしますか?」と尋ねた。支持者たちは、「減らせ!」と答え、ウィルダースは「我々がその政策を推進します」と応じた。検察はヘイト表現をしたという理由で、彼を起訴した。彼は自身の発言は政治的主張だと抗弁したが、結局は裁判を受けることになった。ポーランドの政治家ヤヌシュ・コルベンミッケ[★2]は「女性は男性より弱く、小さく、知性が劣っているから、女性の賃金報酬は少なくすべきだ」と発言して、性差別的ヘイト表現をしたという理由から欧州議会で懲戒を受けた。

失敗した対応:硫酸テロと江南駅殺人事件

２０１４年12月10日、ある高校生が全北地域《チョンブク》（韓国南西部）の聖堂で開かれたシン・ウンミと元民主労働党副報道官ファン・ソンのトークコンサート★3で、危険物を演壇にめがけて投げた。「硫酸テロ」だった。観客2名が火傷を負い、約２００名が緊急避難した。客席にいた容疑者は、犯行前に「北朝鮮が地上の楽園だと言っていましたよね？」とシン・ウンミにしつこく質問をしていたと伝えられ、また彼は普段からイルベに出入りしていたと報じられた。衝撃的な事件だった。それまでネット右翼のイルベは主にオンライン空間にとどまっていた。ヘイト「表現」をする集団ではあったが、それをオフラインで行動に移したことはなかった。しかしその日、「ことば」にとどまっていたヘイトが「物理的暴力」につながったのだ。

憎悪犯罪は「真空状態」で発生するものではない。その対象集団に対する根深い差別の歴史があり、そして彼らを差別して敵対視する環境のなかで勃発するのだ。朝鮮戦争と分断を経験した韓国社会では、理念・思想的な違いによる憎悪と偏見が特に問題になってきたし、したがって「従北」や「左派」、「アカ」云々というのも一種のヘイト表現としてみなされうる。[3] 実際、政治的な反対派に親北左派の「従北勢力」というレッテルを貼って責め立てることは、とても有用な攻撃手段だ。

硫酸テロ事件が起こった時期は、朴槿恵《パククネ》政権下での統合進歩党を違憲政党だとして解散させる審判などによって親北左派をしりぞけようとする雰囲気がつくられており、一部保守勢力が「従北勢力追放」を主張していた。イルベの動きが活発になっていた頃、ケーブルテレビの一部は連日、従北論難★4で視聴率を稼ごうとしている時期でもあった。これで勢いづいた一部の勢力は、従北勢力の籠城場所を直接撤去するといって行動に出たり、デモ隊

★1 ヘルト・ウィルダーズ Greet Wilders

★2 ヤヌシュ・コルベンミッケ Janusz Korwin-Mikke

★3 **シン・ウンミとファン・ソンのトークコンサート** 親北朝鮮主義の在米コリアン、シン・ウンミが北朝鮮に旅行した記録を出版したのを記念して開いたコンサート

★4 **従北論難** 종북 논란 1945年の植民地解放以降、韓国の軍事独裁政権はじぶんたちと考えがちがう人たちを、北朝鮮の政治体制やその思想に追随する勢力として弾圧してきた。民主化が達成されてから、特に1998年、金大中大統領以降、保守層によって従北＝親北ということばが使われ始めた。主要日刊紙などが北朝鮮に友好的な姿勢や進歩的な主張をする人物、団体に対して従北というフレームを使って論難をあおること

との物理的衝突を辞さないとも述べた。このような雰囲気のなか、追放対象である従北勢力にテロをしかけても良いという考えにまでいたったのが、この硫酸テロだった。これが従北への偏見にもとづいて物理的暴力を引きおこした憎悪犯罪と呼べる理由だ。

さらに大きな問題は、硫酸テロ以降に起こった出来事である。当時のある与党議員は、硫酸テロ犯を「烈士」と呼んで後援しようという文章を記し、またあるテレビコメンテーターは、彼を「闘士」と呼び法律支援で連帯しようと発言した。イルベのネット掲示板にも硫酸テロ犯の愛国的な行動を褒め称えるコメントがたくさん寄せられた。これらの動きは特定の集団に対する憎悪と偏見が物理的暴力へとつながり、そのような行動が社会的に正当化されて、さらに憎悪と偏見が強まっていく憎悪犯罪の一連の流れと非常に似ている。

さらに深刻な問題は大統領の反応だった。当時の朴槿恵大統領は硫酸テロが起きて5日後に初めて「最近のいわゆる従北コンサートを巡る社会的葛藤は懸念すべきレベルに達している」と述べ、「数回の北朝鮮訪問経験のある一部の人間が北朝鮮住民の凄惨な生活像や人権侵害などに目をつぶって、自身の偏った経験を北朝鮮の実情であるかのように歪曲・誇張し、問題となっている」と指摘した。衝撃的なテロが発生したのに、一国の指導者がこのようなコメントをするというのはテロの肩をもつのと同じだ。暴力に断固として立ち向かい、この事件の被害者を保護するのではなく、むしろ被害者集団を孤立させたわけである。いくら政治的に従北勢力に否定的な立場だったとしても、テロとはきちんと一線を画さなければならない。

江南《カンナム》駅女性殺害事件の時も同じだ。韓国には憎悪犯罪法がなく、治安当局にも憎悪犯罪に対する基準と犯罪統計は特段ないとされている。そのような状況でも、事件発生から1

週間も経たずして警察庁長官は「今回の江南駅女性殺害事件は女性嫌悪事件ではない」とし、女性家族部（省）長官は「女性嫌悪と見るのはまだ適切ではない」と述べた。差別と暴力の加害者たちと一線を画すのではなく、この事件を女性嫌悪と規定し、追悼と抗議に立ち上がった女性たちと一線を引いたのだ。

それでも幸いだったのは、２０１６年5月31日に発表された国家人権委員長声明とソウル市の対応だった。国家人権委員長はタイミングが少し遅れはしたが、今回の事件が女性嫌悪問題と関連しているという立場を取り、対策を促す声明を発表した。自治体レベルではソウル市女性家族政策室長が「この事件を一個人の出来事として心に刻むのではなく、なぜ数多くの女性たちが自身の問題であるかのように立ち上がっているのか、その根本的な原因について省察しなければならない」と指摘し、江南駅の追悼空間を市庁に移して関連資料をソウル市女性家族財団に保存する措置をとった。

アメイジンググレイス

マイノリティ差別・ヘイト問題に対する政治指導者の対応としては10年間、国連を率いた潘基文《パンギムン》事務総長も印象的だった。彼は在任中、一貫してマイノリティに対する差別と暴力に立ち向かい、原則的立場を貫いて積極的な活動をした。以下は彼の歴史的な演説の一節だ。

レズビアン、ゲイ、バイセクシュアル、トランスジェンダーの皆さんにお話します。

あなたたちは一人ではありません。暴力と差別を終えるための闘争は、我々全員が共に闘う闘争です。あなたたちに対する全ての攻撃は、国連とわたしが守らねばならない普遍的な価値に対する攻撃です。今日わたしはあなたたちの側に立ちます。そして全ての国と人々にあなたたちに寄り添うよう求めます。[4]

マイノリティの人権を擁護する演説文の模範だと言っても過言ではない。まず潘基文総長は性的マイノリティとは言わず、レズビアン、ゲイ、バイセクシュアル、トランスジェンダーと、すべての名を呼び上げた。彼らの存在を今一度確認して強調することを意図したのだろう。そして性的マイノリティにあなたたちが一人ではないと強調し、性的マイノリティに対する攻撃は「普遍的価値」に対する攻撃であると述べている。圧巻なのは最後の一節である。「全ての国と人々にあなたたちに寄り添うよう求めます」。ヘイト主義者の扇動に立ち向かった「逆扇動」だ。日本のカウンター運動が、日本人全体が在日コリアンと連帯してヘイト主義者を孤立させることを意図したように、世界の人々が連帯して性的マイノリティを支持しヘイト主義者を孤立させようと訴えているのだ。

オバマ米国大統領もヘイト表現と憎悪に対して積極的に対応してきた。2015年6月17日、米国チャールストン教会銃撃事件で黒人9名が死亡した。犯人は「人種戦争を始める目的で銃を撃った」と自白した。黒人への憎悪犯罪だった。オバマ大統領は追悼式に参席してスピーチした。黒人に対する差別と暴力に断固として反対するという内容だった。そして聖歌のアメイジンググレイスを歌い始めた。この歌を作詞したジョン・ニュートンは黒人の奴隷貿易に従事したが後に悔い改め、奴隷制の廃止に尽力してついには聖公会の司祭になった人物である。アメイジンググレイスは1960年代、黒人の公民権運動とベトナム反戦運動の時も広く歌われた。大統領がこの象徴的な歌を歌ったのだ。2016年6月12日にはフロリダ州オーランドのゲイナイトクラブで銃乱射事件が発生し49名が命を落とした。性的マイノリティに対する憎悪犯罪が疑われた。オバマ元大統領は追悼会見でこのように述べた。

今日は、我々の友人であるレズビアン、ゲイ、バイセクシュアル、トランスジェンダーにとって特に胸が痛い日です。銃撃犯は人々が交遊し生きていくために訪れるナイトクラブを狙いました。攻撃された場所は単なるナイトクラブではありません。この場所は人々が集い意識を高め自身の考えを述べて市民権を主張していた連帯と自律の空間です。

憎悪犯罪者たちは黒人、女性、性的マイノリティを孤立させ排除しようとする。これに立ち向かうわたしたちの対応は、差別と排除を画策する彼らを社会的に孤立させることだ。これは市民社会の任務でもあるが、法と政策によって推進されなければならないものであり、政治家や社会指導者が一貫して堅持しなければならない立場でもある。オバマは一方では犠牲者たちと犠牲者になる可能性のあるマイノリティを慰め支持し、もう一方ではヘイト主義者たちと明確な線を引いた。米国社会がどんな価値を目指しているのかを、大統領として確認したのだ。

「同性愛に反対しますか?」「もちろんです」

2017年、韓国大統領選挙討論会での一場面。「同性愛に反対しますか?」「もちろんです」。わたしは筋トレをしながらぼんやりとこの討論会を聞いていたのだが、危うくバーベルを床に落としかけた。21世紀の大統領選挙候補者たちが、なぜこのような質疑応答をしているのだろうか。韓国の政治状況を考えると、性的マイノリティの問題に多少なりとも柔軟で漸進的な立場を取るところまでは理解できないことはない。しかし状況は少しずつよくなるだろうという期待まで捨てさせてはならないのだ。少なくとも性的マイノリティが社会の平等な構成員として尊重されているということを疑わせてはならない。この水準を超えた瞬間、「選挙」だとしてもそれが言い訳にはならない。特に社会的有力者や政治家には、強い倫理的責任が求められる。彼らの発言は社会の差別的環境を悪化させたり改善するのに重要な役割を果たすからだ。ヨーロッパでは政治家の公での差別発言や放送でのヘイト表現にひときわ敏感で、さらには法的責任まで問うのはそのためである。

大統領選挙候補の一言一句に敏感にならざるを得なかったのは昨今の事情もあった。韓国社会で性的マイノリティの問題が社会的イシューにあがったのは1990年代の中頃であり、それからようやく20年余りの時が流れた。現実の政治で性的マイノリティの問題が本格的にイシュー化したのは、もっと最近だ。2006年国家人権委員会が包括的差別禁止法の制定を勧告し、法務部(省)が法案の準備に乗り出すと、ただごとではない状況が展開された。一部の保守キリスト教系団体が「性的指向」という文言を削除するよう求め、結局法務部(省)は「性的指向」を削除した法案を国会に提出したが、それさえも通過できなかった。その後17代国会[★1]で1件、18代国会で1件、19代国会で3件の差別禁止法案が提出されたが、どれも国会を通過しなかった。2010年と2013年にも政府レベルで差別禁止法制定が議論されたが、これもまた日の目を見ることなく葬られた。

2010年以降は国会と自治体を中心に対立が激化した。2011年、人権・市民社会が学生人権条例の制定を推進したとき、性的指向による差別禁止条項を巡って対立がくり広げられた。それでも当時は学生の人権に対する市民の支持が熱く、人権活動家たちが市議会での籠城を辞さないなど、激しい闘争をくり広げた末に、無事に法案を通過させることができた。しかしそれ以降、差別禁止に関連した法案や条例案の通過は毎回難航する。最も衝撃的だったのは2013年に2件の差別禁止法案が自発的に撤回された事件である。ちゃんとした法案を出しておきながら、反対があるという理由で国会議員自らが撤回するとはどういうことだろうか。同じ理由で2014年にはソウル市城北区《ソンブク》の性的マイノリティセンターの設置が挫折し、ソウル市民人権憲章も公布されなかった。保守キリスト教系団体が選挙のたびに政治家たちを呼び出して、同性愛反対、差別禁止法制定反対を約束させることが定例化したのもこの頃だ。

最近は「性的指向」や「性的マイノリティ」などのことばが明示されていなくても、国家人権委員会の権限を強化することや、人権、差別禁止などと連動する関連法令、条例、政策などの全てにブレーキがかかっている。2014年、人権教育支援法案には同性愛と関連した条項が一つもなかったにもかかわらず、同性愛に好意的な教育を強化しうるという反対に遭って撤回され、同じ年に生活同伴者法は同性婚迂回法案だという理由で座礁し、人権委員会の企業人権業務を強化するという2016年の人権委員会法改正案は、同性愛に

★1 **17代国会** 2004年の総選挙で選出された議員による国会のこと。「18代」は2008年、「19代」は2012年の総選挙選出議員による国会(いずれも任期は4年間)

好意的な企業を支援するものだという反対に遭って結局撤回された。さらに「家族形態」、「多様な家族形態」という表現が同性婚を守るものと解釈される余地があるとし、「児童福祉法」と「一人親家族支援法」改正に反対する運動まで展開された。

自治体でも「性的マイノリティ」や「性的指向」という文言を削除すべきだという要求を受け、条例通過が難航を極め（2015年果川《カチョン》市・太田《テジョン》広域市、2016年ソウル広津《クァンジン》区）、「社会的性」（2015年ソウル九老《クロ》区）や「性平等」（2015年太田広域市）という表現さえ議論の対象となり、憲法と人権関連法を根拠としたという理由で条例制定に失敗する事例まで出てきた（2016年仁川《インチョン》、忠北《チュンブク》）。この過程で性的マイノリティの人権だけでなく学生の人権、青少年の労働人権、住民の人権のための条例なども流れ弾に当たって通過できなかった。

明らかな後退だ。2000年代には国家人権委員会が発足し、一部の自治体が人権条例と学生人権条例を制定し、国家と自治体レベルで人権制度・政策が推進されるという成果があったが、2010年以降は状況が完全に変わってしまった。一度後戻りしだすと、ずっとそれが続いている。最近、反対運動の陣営では「国家人権委員会法」廃止、人権関連条例廃止まで主張している。政治家たちが彼らの要求を一つ二つと受け入れるたびに、気勢を上げているのだ。ここまでくると「停滞」や「遅延」レベルではなく、明らかに「後退」だと見ても過言ではない。

2017年5月、このように後退の兆候が明らかな状況の中で大統領選挙は行われた。ろうそくを手にした市民たちの偉大な抵抗によって旧体制にけりをつけた大統領選挙だった。進歩陣営への圧倒的な支持が続いた。この頃はまだ、性的マイノリティの人権問題にも突破口が準備されているはずだと期待していた。性的マイノリティもレインボーフラッグを手に朴槿恵退陣運動に参加した「市民」だった。

しかし大統領選挙の政局は、本章冒頭のとおり全く別の方向へと展開したのだ。有力な大統領選挙候補者たちは保守キリスト教系団体の行事に呼ばれ、「同性愛に反対する」、「差別禁止法を制定しない」と約束し、挙句の果てに「同性愛に反対する」、「同性愛を厳しく罰しなければならない」などのヘイト表現を大統領候補者の口から聞かなければならないほどだった。

大統領選挙の政局に性的マイノリティ問題がイシュー化したこと自体は悪くない。どのみち覆い隠して解決できる問題でないのであれば、いろんな議論があるほうが望ましい。しかし性的マイノリティの人権と関連した議論のレベルは明らかに後退した。差別禁止法は盧武鉉《ノムヒョン》政権が残した未完の課題であり、さらには朴槿恵政権の国政課題でもあった。しかし2017年の大統領選挙では、ほとんどの候補者たちは差別禁止法に反対したり留保的な立場を示し、公約の中には差別禁止政策と言えるものを探し出すことさえ難しかった。このような状況で市民から性的マイノリティの人権を主張する声がわき起こったのは自然な流れだった。

大統領が変わるからといって、ものすごい変化を期待していたわけではなかったはずだ。しかしこの後退の歴史を少しでも覆すことができればという一縷の期待まで、捨てることはできなかった。大統領選挙の時期にわき起こった憤りは、この後退の歴史を終わらせてくれという切実な訴えだった。

中立より責任ある行動を

しかし有意義なこともあった。大統領選挙の1年前、第20代総選挙比例代表候補者たちのテレビ討論会で緑色党のシン・ジエ候補は、「これまで無視されてきた同性愛者、バイセクシュアル、インターセックス、そしてトランスジェンダーのための政策と同性婚を法制化します」と公言した。おそらく公職者や公職候補が性的マイノリティを一つ一つ呼び上げた最初の歴史的事件であろう。

2017年の大統領選挙では少数左派政党である正義党のシム・サンジョン候補が、性的マイノリティの差別禁止政策と差別禁止法制定に関し一貫した所信を表明した。特にシム候補がテレビ討論会でわずか1分のチャンスを使い「性的マイノリティの差別に反対する」と公言した場面は感動的だった。その結果、6・2%という得票を得たこともさらに意味があることだった。

反面、選挙運動期間の文在寅《ムンジェイン》候補の態度には失望した。[★1] なぜ文在寅候補にだけひときわ厳しいのかという反論もあったが、期待が大きかったために失望も大きかったと述べておきたい。幸いテレビ討論に対する強い抗議を受け文在寅が「性的マイノリティに謝罪する」という立場を発表した場面を見たので、わずかな希望を残すことはできた。性的マイノリティが決して無視できない有権者であると同時に、市民として登場した瞬間でもあった。また文在寅政権の「国政運営5カ年計画」には差別禁止法制定が盛りこまれていない。盧武鉉政権が推進し朴槿恵政府の国政課題にも入っていた差別禁止法が、だ。ただし国家人権委員会の強化は意味のある約束だった。差別是正機構である人権委員会を通して、差別とヘイトに関する有意義な対策が出てくることが期待できるだろう。

残念ながら韓国にはヨーロッパのように強力な法があるわけでもなく、米国のようにヘイト表現に対する社会の免疫力を期待できる状況でもない。今すぐ我々の共同体が明確な態度を示すことができなければ、いつどんなことが起こるかわからない。偏見がヘイトとなり差別となって暴力につながるのは段階的な過程ではない。

「あいつらは好きじゃない」が「あいつらに反対する」になり、「あいつらに反対する」が「あいつらを撲滅しよう」になるのは一瞬だ。ナチスが反人倫的扇動にのり出した時でさえ、彼らが及ぼす危害を予想した人はいなかった。しかし彼らは結局ユダヤ人を、性的マイノリティを、障がい者を、少数民族を弾圧して虐殺した。

韓国社会のヘイトと差別を放置しておけば、ある瞬間、何をきっかけに問題が爆発するかわからない。韓国社会と政治の無責任と無関心が、すさまじい事態を引きおこす可能性があるという意味だ。ヘイトと差別が少しずつ芽生えるところには先制攻撃が必要なのだ。積極的にヘイトを助長し差別を扇動する人間だけでなく、「中立」を標榜して人ごとのように見守っている人たちにも「責任」ある行動が必要だということだ。

ヘイト表現をどれだけ法で規制しようとしても限界はある。法でヘイト表現を一網打尽にするのは、どのみち不可能だ。しかし残る問題は結局、社会的対応によって解決するしかなく、その過程で政治家や影響力のある社会指導者たちの立場が非常に重要となる。ヘイト表現が発せられても、その影響力を限られた次元にとどめるには、社会が力を合わせてヘイト表現を孤立させなければならない。政治家や社会的地位にある者には世論を主導する力があるからだ。レッスン11では、ヘイト表現禁止法も、実は「象徴的機能」でし

★1 **文在寅の発言** 2017年4月25日、JTBC（中央日報系列のケーブルテレビ向けの放送局）主催大統領選討論会で文在寅が「同性愛に反対する」と発言し波紋が広がった

かないと指摘した。法を制定しようというのも結局、我々の社会がヘイト表現を容認していないということを確認するからだ。法を通じてであれ、政治家の口を通してであれ、ヘイト表現に対する明白な社会的メッセージを投げるのは非常に重要なことだ。このようにしてヘイト表現を片隅に追いやらなければならない。

「いま現在、この場所」**韓国のヘイト論争6**

ヘイトに立ち向かうヘイト？――ミラーリングの是非

ここ数年、「メガリア」ほどネット上をにぎわせたキーワードがあっただろうか？[5] 議論が白熱し、意味のある運動として発展していく面もあったが、誤解を呼び起こしたりとんでもない論争をくり広げたりもした。問題は「ヘイト」に「ヘイト」で立ち向かうという戦略をどう見るのかという点だ。一見、ヘイトにヘイトで立ち向かうのは、ヘイトの総量を増やす結果を招くように思われる。しかし常にそうであるようにヘイトっぽいことばそのものではなく、そのことばが生む社会的効果に注目しなければならない。差別と排除を再生産するやり方で動いているのか注意深く探らなければならないのだ。

メガリアはインターネットコミュニティだ。メガリアという名前は女性と男性の性的役割がひっくり返った状況を描いた小説『イガリアの娘たち[★1]』から取られたことばだ。韓国最大のコミュニティサイトであるDCインサイドの「メルスギャラリー」にその起源を置いており、「メ＋ガリア」になったものとして知られている。メガリアにあげられるコメントは、「ミラーリング[★2]」と呼ばれる。ミラーリングは鏡で照らし合わせることだ。女性嫌悪的なことばを、性別を変えて鏡に映すように示すことである。男性に依存的な女性を揶揄した造語である「キムチ女《ニョ》」に対抗して、男性を「韓男虫《ハンナムチュン》[★3]」と呼ぶのが代表的な例だ。

しかしミラーリングは単純に女性嫌悪的な単語に対称される男性嫌悪的な単語を指すことにとどまらない。女性嫌悪的なことばが女性差別を再生産し女性差別を悪化させており、それが深刻な問題であることを分かりやすく示し、現実を直視させるというのがミラーリングの戦略的な目標だ。

たとえばキムチ女は女性集団全体をキムチ女と固定観念化することによって、女性に対する否定的な認識を固定化する。女性はキムチ女にならないよう自らを管理、規制しなければならず、「キムチ女ではない」と絶えまなく証明しなければならない状況に陥る。キムチ女がそういったやり方で差別を再生産しているとすれば、このことばを単純な冗談として受け流すことはできないだろう。

ミラーリングは男性を「韓男虫」と呼ぶことによって、この複雑な説明をかわりにしてくれる。いきなり「韓男虫」の身になってしまった男性たちは「キムチ女」ということばの問題に自ら気づくのだ。これがまさにメガリアが目指すミラーリングの戦略的目標だった。

★1 **イガリアの娘たち** Egalias døtre, Pax Forlag ノルウェーのSF作家、ガード・ブランテンバーグ Gerd Brantenberg が1977年に発表した小説

★2 **ミラーリング** mirroring

★3 **韓男虫** **한남충** 韓国の男性全体を虫に貶めた造語

実際ミラーリングはメガリアが創案したものではなく、マイノリティが差別的な社会現実を露呈させるためにミラーリングを活用した事例はこれまでもたくさんある。たとえば1990年代、某大学では女子学生が図書館の前に座り、前を通り過ぎる男子学生の外見を「品評」するパフォーマンスをくり広げている。男子学生が女子学生を品評しハラスメントする行為の問題を分かりやすく示すためだった。

ミラーリングは別のマイノリティ問題にも適用されてきた。ヨーロッパで白人が少数人種出身者たちに投げかける質問を、白人にそのまま返すことによって問題を自覚させるのが代表的である。たとえば「きみ、英語すごく上手だね。もしかして養子なの?」であるとか「きみはどうして白人とばかり遊ぶの?」といった質問を、白人に投げかけるのだ。[6] 同性愛の問題と関連し、「異性愛は頭では理解できるけど心ではちょっと理解できないんだよね」、「異性愛には反対。異性愛者が差別されるべきではないけど」、「思春期には異性に惹かれることもあるよね。でもそれは一時の感情にすぎないから」、「異性愛に反対するわけではないんだけど、韓国では時期尚早だと思います」と言うことも一種のミラーリングだと言えるだろう。[7]

しかしこのようなメガリアのミラーリングに対し、一部の男性は激しい拒否感を示した。男性が集団単位で罵倒される現実は、もちろん心苦しいことかもしれない。ヘイトにヘイトで対抗するのは倫理的に正しくないという意見が提示され、「女性嫌悪も男性嫌悪も悪い」といったどっちもどっち論も登場した。ヘイトに対しヘイトで返すのは望ましくないというのは一見まともな論理ではあるが、これはミラーリングの趣旨を読み違えていると言える。ミラーリングは反射させて示すためのものであり、それ自体がヘイトを目的としていない。またその社会的効果を見れば、女性嫌悪と男性嫌悪が同じ問題を生んでいると見るには無理がある。女性嫌悪的なことばが女性差別を拡大再生産するのと同じように、ミラーリングによって男性嫌悪的なことばが男性差別を拡大再生産すると見ることはできない。

たとえば、キムチ女に象徴されるような女性に関する否定的な認識が、職場で女性に対する偏見を助長し、実際に差別を生む可能性があることは明らかだ。しかし逆に韓男虫ということばが男性に対する否定的な固定観念を拡散し職場での男性差別を助長するだろうか。「キムチ女」や「キム女史《ヨサ》★1」にならないために、そして「概念女《ケニョムニョ》★2」に見えるよう自らを見つめ律せねばならないのが女性嫌悪の否定的な効果とするならば、「韓男虫」と呼ばれるのが嫌で自身の行動を抑制しなければならない現実があるのかと問いたい。

「キムチ女を殴るのに最適な天気だ」を「韓男虫を殴るのに最適な天気だ」で返したり、「サミルハン(スケトウダラと女は数日に1回たたかなければならない)」に対称することばとして「スムシィルハン(男性は息を吸うたびに一回ずつたたかれなければならない)」を使う場合も同じだ。実際、ネット右翼のコミュニティサイトであるイルベには、女性に対する暴力を正当化するコメントが繰り返しあがってくる。このようなことばのせいで女性に対する暴力に無感覚になり、デートDV、性暴力などの日常的脅威に見舞われていた女性たちの恐怖心は深まる。こういった問題が「スムシィルハン」にもあると見るのは難しい。女性にとって「サミルハン」は現実化されうる脅威である一方、「スムシィルハン」は現実化し得ない冗談にすぎない。

★1 **キム女史**(41ページ参照)
★2 **概念女**(41ページ参照)

これに対しメガリアのミラーリングが性差別的な現実を変え、男性に自覚させるのには全く効果的ではなかったという批判がある。むしろ男性に対するヘイトをあおったというのだ。しかし前述したように男性嫌悪を助長したり、女性嫌悪と男性嫌悪は同じくらい悪いというかたちのアプローチは不適切である。男性がミラーリングによって自覚したのかについては、もう少し説明が必要だ。表面的にはメガリアのミラーリングに拒否感を示す男性のほうが多いように見受けられる。少なくともそのような意思を積極的に表す男性のほうが多いのは事実のようだ。だとすればミラーリングが男性の変化を導き出すのに失敗したと判断することもできるだろう。しかしこのような評価には多少無理がある。性差別の歴史は人類の歴史と同じくらい昔から続いている。とくに韓国社会の性差別はとても強固なものだ。たった1、2年のミラーリング運動で男性がいきなり自覚したり性差別的な社会構造が一気に壊れるだろうと期待するのは無理なことだ。そのような「結果」はミラーリングだけでなく、その他のさまざまな社会の仕組みが共に動いたときにはじめて可能になるだろう。たとえばメガリアのミラーリングが即効的な効果をうまなかったからといって、それを失敗だと規定することはできないのだ。

実際ミラーリングの効果は別のところにあった。ミラーリングが拡散すると抵抗主体としての女性たちが反応し始めた。彼女たちはミラーリングに刺激され、覚醒した。ミラーリングに参加する過程でともに慰め合い、連帯し、抵抗できると知った女性が増えた。女性の問題を「勉強」するという雰囲気もうまれた。実際にフェミニズム書籍が最近のベストセラーになるという現象が続いている。ミラーリングを楽しんだ女性はオンラインとオフラインでの多様なフェミニズムの集まりを開き、行動へと駒を進めた。

ミラーリングを絶対視しようというのではない。それはあくまでも多様な運動方式の一つであり、歴史的役割を全うし消えてしまう可能性もある。女性の抵抗が重要なのであって、ミラーリングという形式が重要なのではないからだ。

この運動の方式が「持続可能な」ものなのかはよくわからない。その点でミラーリングが「暫定的同一視」としてのパロディである時のみ社会批評として認められるだとか、男性の中の性的マイノリティなど別の社会的弱者へのヘイトにつながるのは正当化しがたいという指摘には、耳を傾ける必要がある。[8]

つまりメガリアのミラーリングを単純にまた別の形態のヘイトとして理解してはならない。ミラーリングをレッスン15で言及する「対抗表現」と見るならば、その意味をもう少し肯定的に再解釈することができる。[9] ミラーリングはヘイトに対してマイノリティの連帯として立ち向かうものだ。ヘイトに対する社会的問題意識を喚起し女性を主体化したという点で、対抗表現運動と同一の戦略的目標を設定して実際の効果を得たといえる。

メガリアを「イルベに組織的に対応した唯一の当事者」(チョン・ヒジン)[10]と規定し「まともに市民権を獲得できなかった女性たち自らが主体になるための苦闘」(ソン・ヒジョン)[11]として選択した「抵抗の一方式」(キムホン・ミリ)[12]と見るフェミニストたちの評価は、メガリアのミラーリングを対抗表現とみなしていることを示している。メガリアが女性嫌悪発言を収集《アーカイビング》することによって、男超《ナムチョ》コミュニティ★1が平穏に女性嫌悪談論

★1 **男超コミュニティ 남초 커뮤니티** 男性の数がはるかに多いコミュニティ。女性嫌悪などで社会問題になったイルベもその一例。対義語として女超《ヨチョ》コミュニティ 여초 커뮤니티

を再生産するのに亀裂を生んでいるという指摘(クォンキム・ヒョニョン)[13]も注目に値する。対抗表現は被害を最小化する有用な対応だという点でも、重要な意味を持つからだ。

レッスン 15

ヘイト表現に対抗表現で立ち向かえ

「ソウル大学へ入学された性的マイノリティ、性的マジョリティの新入生の皆さんを歓迎します」

2013年2月の東京、「朝鮮人を殺すのは害虫駆除と同じだ」「殺せ、殺せ、朝鮮人！」韓国料理店と韓流の店が密集している新大久保のコリアンタウンに在特会の嫌韓デモ隊がぞっとするような文言のプラカードを持って集まっていた。[1] そして時を同じくして、「差別するな」というプラカードを持ったまた別のデモ隊がこの嫌韓デモ隊に応戦し始めた。差別デモに反対の署名活動をしている市民、「サランヘヨ（愛してる）」と書かれた風船を手渡す市民、嫌韓デモ隊に向かって踊りながらからかう仕草を見せる市民。そしてある瞬間、この対抗デモ隊が嫌韓デモ隊を圧倒した。数回では終わらず、嫌韓デモが行われるときはいつも対抗デモ隊が大活躍した。座り込んで嫌韓デモ隊を止めるなど物理的な衝突も辞さなかった。2013年9月22日には、3000名の市民が「差別撤廃東京大行進」に参加した。

日本のカウンター運動

嫌韓デモ隊に立ち向かったこの運動を、日本では「カウンター」[★1]運動と呼んでいる。カウンター運動を主導した神原元弁護士はカウンター運動の成果を次のように要約する。[2]まず、ヘイト表現の被害を最小化し被害者の苦痛を減らした。二つ目、嫌韓デモの拡散を止めた。三つ目、世論を喚起した。四つ目、国際連帯のきっかけを作った。五つ目、民主主義を成熟させた。そして非常に現実的な成果として、ヘイトスピーチ解消法が国会を通過したのだ。安倍政権下で起こった意味のある立法的成果だった。

ここでカウンター運動が作り出した新しい力学の構図に注目する必要がある。在特会などの人種主義者《レイシスト》たちは一方で在日コリアンに脅威を与え、もう一方では日本人に「共に行動しよう」と扇動した。つまり在日コリアンの孤立に日本人全体を同調させるのが彼らの目標だったのだ。しかしカウンター運動はこの構図を「日本社会」対「レイシスト」の構図に変えようとした。[3]レイシストは在日コリアンを孤立させようとしたが、カウンター運動は「日本社会」が日本人、在日コリアン、中国人、フィリピン人などの外国人が共に暮らす社会であることを訴え、むしろレイシストたちを孤立させた。これはヘイト勢力を制圧できるとても有効な方法である。アメリカで黒人やヒスパニックへの差別に対抗し「全てのアメリカ人は平等である」とはっきりと主張するのも、まさにそのような対案的構図を作ろうという試みだ。

絆創膏で復元された垂れ幕

2016年、韓国でも注目すべき事件があった。ソウル大学の性的マイノリティサークルQIS★1が大学の正門近くに「ソウル大学に入学された性的マイノリティ、性的マジョリティの新入生の皆さんを歓迎します」という垂れ幕を設置した。しかし一週間ほど経ってその垂れ幕は引き裂かれた状態で発見された。何者かが鋭いナイフで横断幕を毀損したのだ。これが性的マイノリティに対する意図的な攻撃であり、性的マイノリティを歓迎しない誰かがいるということを見せつける、象徴的な行為であるのは明らかだった。性的マイノリティの学生たちはひどく傷ついたはずだ。自身が物理的に直接攻撃されている感覚をおぼえたかもしれないし、学内の誰かが自分をそうやってヘイトして更には攻撃してくるかもしれないという思いから恐怖にさいなまれた可能性もある。

性的マイノリティのサークルでは横断幕をもう一度製作する代わりに学生たちの連帯を訴えた。大学の中央図書館の前に引き裂かれた横断幕をかけ、絆創膏で横断幕をくっつけてほしいと呼びかけた。「性的マイノリティの存在への攻撃によって毀損された横断幕を回復」してほしいと、また「ソウル大学の構成員は他人の存在に対するヘイトと憎悪犯罪を許さないという事実を確認して」ほしいと訴えた。

そして学生たちは絆創膏を手に横断幕の復元に参加することによって支持と連帯の意

★1 カウンター counter

志を表明した。横断幕が復元されていくうちに、性的マイノリティの学生たちの傷ついた心も少しは回復しただろう。横断幕を切り裂く人間はいるが、こうやって多くの学生たちが支持と連帯を表したということにとても慰められたはずだ。絆創膏で復元された横断幕は、ヘイト主義者たちが排除しようとした性的マイノリティが、大学の共同体で平等な地位にある構成員であることを象徴してくれた。

対抗表現

ヘイト表現は基本的に「扇動」の性格をもっている。マイノリティを攻撃し傷つけると同時に、第三者にマイノリティに対するヘイトと差別に同調しろと訴える。前述した「憎悪扇動」はそうやってヘイトと差別の拡大を直接的な目標にするものであり、別の類型のヘイト表現もある程度、扇動の要素をもっている。第三者をヘイトに加勢させれば、性的マイノリティはさらに孤立してヘイトと差別が固着化し、マイノリティの被害がどんどん拡散する。ある集団でヘイト表現が差別と暴力へと進むまで、このような拡散がとても重要な役割をはたす。集団的な暴力や虐殺《ジェノサイド》は、第三者が同調したり黙認しなければ不可能だからだ。

このようなヘイト表現の扇動を防ぐ重要な方法として「対抗表現」がある。対抗表現はその字のごとくヘイト表現に正面から対抗するものだ。

日本のカウンター運動は嫌韓デモに立ち向かいカウンターデモをくり広げるやり方で、ソウル大の性的マイノリティ横断幕事件は横断幕の復元を見せつける方法でヘイトに立ち向かった。このような連帯の実践は大きなデモの形態だけが可能なわけではない。サークルで、ある会員がマイノリティ会員に差別的なことばを放ったとき、そのマイノリティ会員が排除され孤立するのを防ぐために彼と連帯することも立派な実践になる。自身が属する空間のどこであっても、実践は可能だ。

前述したように、政治指導者が連帯に協力する立場を表明し、関連政策を推進することが重要だ。またそれぞれの自治体にヘイト表現の予防教育を支援したり、ヘイト表現防止マニュアルやガイドラインを普及することもできるだろう。これは対抗表現への支援として「環境形成する規制」の代表的な形態だと言える。

ヘイト主義者を孤立させる

対抗表現の最も大きな意義はヘイトの構図をひっくり返すことである。ヘイトの扇動はマイノリティ集団を孤立させようとするが、対抗表現は反対にヘイト主義者を孤立させる。日本のカウンター運動は多数の日本人と在日コリアンの連帯によって人種主義者を孤立させ、ソウル大の性的マイノリティ横断幕の復元は多くの学生たちが性的マイノリティと連帯していることを見せつけることによってヘイト勢力の蠢動を防いだ。

その過程でヘイト表現による被害者たちの苦痛が軽減された。カウンター運動を目にした在日コリアンは日本が住んでも大丈夫な国だと感じただろうし、横断幕が復元されるのを目にしたソウル大の性的マイノリティの学生たちは大学に通っても大丈夫だと思ったはずだ。ヘイト表現の害悪である精神的苦痛と共存条件の破壊が、対抗表現によってある程度癒されたわけである。このような対抗表現は問題を早期に解決することもできるし、強制的措置によって出てくる副作用の心配も全くない。

第三者だけでなく被害者自らが対抗表現をすることもできる。人を見くだすようなヘイト表現にはつくり笑いで聞き流したり、黙っていたりせず、問題点を細かく問い詰めるなどの日常的実践が重要な意味を持つ。[4]何が問題なのか適切な理由を探し、論理を提示して闘い抜く過程で「自力化」も可能になる。自身の権利を知って権利の主張をする過程で、対抗主体が形成されるのだ。

たとえば日本のカウンター運動は嫌韓デモが行われた現場への対応を超えて、国内外の世論を喚起することによって具体的な立法的成果につなげた。一種のオンライン対抗表現であるメガリアのミラーリング[5]はパロディにとどまらず、女性を抵抗主体として形成し多様なオンライン・オフライン女性運動へと進化していった。[6]

米国のフェミニスト哲学者ジュディス・バトラー[★1]は、このような対抗表現を言語哲学的に正当化している。ヘイト表現がどのような意図で発話されようと発話の「主」は存在しない。ことばになる瞬間、その意味は話者を離れ、過去、現在、未来の脈絡におかれて絶え間なくその意味がまた付与される。[7]仮にマイノリティを差別しようという意図で発せられたヘイト表現だとしても、発話者と聴者が互いに対話をして反駁する中でその意味が再創造されることによって新しい意味が付与され、発話者の意図に込められた最初の「危害」がその後自然に治癒されることもあるのだ。[8]バトラーのこのような立場は対抗表現の可能性を示すものだ。ヘイト表現の問題を法による禁止、処罰にだけに頼るのではなく、もう一度カウンターをし、その意味を覆らせて別の意味を付与することによって問題を解決できるということである。

わたしたち全員の任務だ

対抗表現はヘイト表現自体を禁止し抑圧しなくても、その危害を治癒する力をもつ。さらなる表現でヘイト表現に立ち向かうことができれば、それより効果的な方法はないはずだ。ただし対抗表現に幻想を持ちすぎるのは禁物だ。対抗表現を強調しすぎるのは、ヘイト表現が個人の私的実践によって解決できるという錯覚を起こさせる可能性がある。当事者個人の対応は問題を早期に解決したり被害を少なくするのに効果的だが、問題解決には集団的、組織的対応が、より重要である。ヘイト表現によって苦痛を受けた当事者が個人で問題を自ら解決するよう放っておいてはならないのだ。

当事者以外に事件現場を目撃した者たち、そして事件を伝え聞いた他の共同体の構成員が集団で抗議に乗り出す必要がある。そうやって共にヘイト表現に対応することによって、被害者ではなく発話者を孤立させるのが対抗表現の究極の目標になるべきなのだ。日本のカウンター運動やソウル大学の横断幕復元は、共同体の構成員が集団的、組織的対抗表現を成功に導いた事例だった。

だからといって対抗表現を市民社会の任務としてのみ背負わせてはならない。市民社会の自律的実践だけでは限界があるからこそ、国家的、法的、制度的に対抗表現を支援することが大切である。人権センター、相談所、人権教育、広報資料などを提供するのは対抗表現を効果的に支援する方法だ。対抗表現をした人が逆に脅されないよう保護すること

★1 ジュディス・バトラー Judith P. Butler

もまた、国家、法、制度の役割である。

ある研究によると、ヘイト表現への対応を難しくさせている一番大きな要因は、暴力や差別によって報復されることへの恐怖だという。[9] 生半可に抵抗してむしろ反撃にあうかもしれないと思い、抵抗をやめてしまうのだ。法と制度がこのような報復行為を徹底的に規制してこそ、対抗表現の可能性が開かれる。これもまた法と制度が対抗表現を支援する一つの方法だ。このような対抗表現はレッスン10で言及した「表現の自由を増進させる介入」、レッスン12で提示した「環境形成する規制」の一つの形態とみなすことができる。

エピローグ

ヘイト表現の規制に反対する人たちは時としてこんな話をする。「マイノリティに対する暴力と虐殺があったヨーロッパと違って、韓国ではそんなことはなかったじゃないか？ヘイト表現の危険性が誇張されすぎだ」。完全に間違った話ではない。少なくとも韓国では差別とヘイトを扇動し直接的なリンチを加える「ヘイト組織」がのさばっているわけではない。しかし目に見える暴力がないからといって油断はできない。

ヘイト表現はそれ自体に害悪があり、実際、差別につながることも多々ある。暴力につながる場合もある。移住労働者への暴力はここで一つ一つ紹介しきれないほど頻繁に起こっている。2016年にはある同性愛者が「ホモ野郎」ということばを浴びせられて暴行され、ソウルの有名大学である西江《ソガン》大学、成均館《ソンギュングァン》大学、弘益《ホンイク》大学、梨花女子《イファヨジャ》大学などでは性的マイノリティを歓迎する横断幕が引き裂かれた。それ以外にもあまり知れ渡っていない、たとえばヘイトが主な動機でなくても暴力のきっかけになったケースはいくらでもあるだろう。このような現実を巡り「暴力や虐殺はないのではないか？」という質問はふさわしくない。

最近の韓国社会には懸念すべき出来事が少なくない。まずオンライン上のヘイトがオフラインへと移る兆候がある。2014年、ネット右翼のイルベ会員による硫酸テロと、それ以上に組織的だった暴食闘争[★1]は、彼らの「ことば」が「実行」になりうることを示す場面だった。幸いそれ以降は沈静化したが、ひとまずオフラインに登場したこと自体

★1 **暴食闘争** 2014年9月、セウォル号沈没の事故遺族がソウル市内で真相究明のためにハンストを行っている目の前で、イルベユーザーが「暴食闘争」と称しピザを食べる行為をはたらき物議を醸した

が重要だ。

二つ目は、最近のヘイト表現が貧困、不平等、失業などの社会経済的危機と結びつく場合があるという事実だ。外国人労働者に対するヘイトを「就職問題」と結びつけたり、「税金爆弾」を避けるために同性愛に反対すべきだとか、光州事件5・18功労者遺族の公務員試験加算点をもち出し、他の受験生に「勉強したところで無駄だ」と扇動するのが代表的である。

社会経済的危機が短期間に克服されにくい状況を考慮すると、この危機がいつヘイトと結びついてもおかしくはない。偏見が常にことばになるわけではないが、自身の社会経済的状況と関連付ければ容易に爆発する可能性はある。実際に性的マイノリティに対して特段自分の考えを持ち合わせていない人が「同性愛者の税金爆弾[★1]」ということばに反応して急に怒り出したり、就職難に苦しむ人が「仕事を奪う外国人労働者」ということばを機に乱暴なことばを発することもありうる。

「同性愛をヘイトする」や「外国人労働者を追い出そう」と言うことを恥ずかしく感じる人が、税金爆弾や就職問題が絡むと、最小限の倫理さえ放棄してしまう。社会経済的危機が簡単に解決されない難題であるほど、おかしなことに、くみしやすい相手に手っ取り早い方法で怒りを表すことになる。米国やヨーロッパではヘイトの拡散をその国の社会経済的状況と結びつける分析が多い。歴史的にファシズムが経済危機と一緒に登場したのは決して偶然ではない。ナチズムが中産階級の危機から芽生えたことはよく知られている。[1]

結局のところ韓国社会はヘイト表現への社会的、政治的対応に事実上失敗した。影響力のある政治指導者や社会の有力者たち、宗教界の指導者たちがヘイトときちんと線を引けていない。教育現場でもヘイトに立ち向かう対策が体系的に樹立されていない。会社や私的領域で差別とヘイトに敏感なわけでもなく、健全な市民社会がヘイトに立ち向かう耐性を持ち合わせているとみるのも難しい。最近のメガリアへの攻勢やフェミニスト教員に対する攻撃、同性愛者と移民者の権利を強化する憲法改正に反対する保守キリスト教系団体の動きなどを見ると、決して事態が好転しているとは言えない。

またもう一つ、韓国社会は依然としてヘイトの拡散に脆弱な条件をもっている。米国の心理学者のゴードン・オルポートは次の項目に当たる社会に、差別とヘイトを生む「偏見」をもった人が多いと指摘している。[2]

・社会構造に異質的な要素が多い
・社会の移動性と急激な社会変化がある
・意思疎通と知識の伝達が妨げられている
・マイノリティ集団の規模が大きくなっている
・競争と葛藤がある
・搾取によって利益を得ていて、攻撃的に怒ることが社会的に抑制されていない
・民族中心主義の伝統がある
・同化主義や文化の多様性が許容されていない

ここで韓国社会の状況を細かく分析する余力はないが、オルポートが提示する状況的要

★1 **同性愛者の税金爆弾** エイズ患者への医療支援が健康保険料を引き上げ、国庫浪費の原因になっているという考え方からでた用語。エイズ患者=同性愛者ととらえ異性愛者に納税の負担が増えるとして、韓国キリスト教総連合などの保守団体が同性愛者を批判するときに使っている

素のうち韓国に該当するものは少なくない。特に、多様性の受容という側面で韓国は非常に脆弱だ。女性家族部（省）の調査によると、外国人労働者と移民を隣人とみなしたくないという回答が31・8％を占めた。米国（13・7％）、オーストラリア（10・6％）、スウェーデン（3・5％）などと比べて差が甚だしい。２０１０〜２０１４年の「世界の価値観調査[★1]」で韓国は「異人種に対する受容性」項目で59カ国中51位だった。同じ調査で韓国人の79・8％が、同性愛者を隣人として受け入れたくないと回答した。オランダ（6・9％）、米国（20・4％）、ドイツ（22・4％）など欧米国家はもちろん、シンガポール（31・6％）、台湾（40・8％）、中国（52・7％）、マレーシア（58・7％）と比較しても著しく高い。

２０１７年8月、米国バージニア州シャーロッツヴィルで白人至上主義者勢力の集会が開かれ、3名が死亡、30名余りが負傷する惨事が発生した。この事件についてトランプ前大統領が「両方悪い」として白人至上主義者たちを事実上擁護する発言をすると、オバマ元大統領をはじめとした社会的有力者が反発し始めた。有数企業のCEOなど、製造業諮問委員会の委員7名がその地位を辞退した。[3] 大統領直属諮問機構である戦略政策フォーラムの議長スティーブン・シュワルツマン[★2]、ブラックストーン会長は「偏狭さ、憎悪、極端主義は米国の核心価値に対する侮辱」と延べ、JPモルガンチェースのCEOであるジェイミー・ダイモン[★3]は役員と職員に「人種主義、偏狭さ、暴力はどんなときも間違い」であるという手紙を送った。共和党院内代表と（保守系の）フォックスニュース司会者もトランプ批判に乗り出した。トランプが孤立したのだ。

これが韓国だとしたらどうだったろうか？　保守政党の極右大統領が執権をとり人

種主義・ホモフォビア発言をぶちまけると仮定してみよう。[4] 与野党の政治家が大統領を強く批判し、大統領が任命した諮問委員会のＣＥＯたちが全員その地位を辞退して「ヘイトと暴力に反対する」と声明を発表する状況がくり広げられただろうか？ 民主主義を守るためにろうそくデモに参加した偉大な大韓民国市民ではあるが、大統領が発したマイノリティヘイトに立ち向かう抗議行動が可能だろうか？ この質問に「そんなことは心配するな」と断言する自信はない。

ヘイト表現の問題を提起するのは、最終的に「共存できる社会」をつくっていくためだ。ジェレミー・ウォルドロンは共存と公共善について語っている。マーサ・ヌスバウムは人間を尊重し「想像力を動員して他人の生に感情的に参与」する政治的態度である「人類愛の政治★4」について述べている。[5] これらが今わたしたちの現実において重要な話の糸口であることに間違いはない。ヘイト表現はこのような共存の条件を破壊するという宣言と同じだ。ヘイト表現が蔓延する社会で、多様な背景と属性をもった人々が共に生きるのは不可能である。ヘイト表現の問題に対応することは「共存の社会」のために最低限必要な条件だ。

もう一度強調するが、ヘイト表現禁止法がないことが問題なのではない。それ以前にヘイトと差別の現実について無感覚な、つまり特段の対策さえなく傍観している社会の現実について述べているのだ。この状況で重要なのはヘイト表現への対応方法であり、刑事罰化が適切なのかを問うているのではない。国家であれ社会であれ、昨今の現実を十分に敏感に受け止めず、したがって意味ある措置を取っていないこと自体が問題である。

★1 世界の価値観調査 World Values Survey
★2 スティーブン・シュワルツマン Stephen Schwarzman
★3 ジェイミー・ダイモン Jamie Dimon
★4 人類愛の政治 politics of humanity

どこから希望の対案を探していけば良いのか途方にくれているが、少なくともできることは何でもすべきではないか？　これが立法措置や法的対応に限定せず、全世界で考案され実践されてきたほぼすべての反ヘイト表現対策を、この本で全て網羅した理由でもある。どんなことであれ、始めなければならない。差し迫った状況がわたしたちの目の前にあるのだ。

訳者あとがき

『ヘイトをとめるレッスン』は、韓国社会のマジョリティー――正規職につく男性で非障がい者の異性愛者――である法社会学者ホン・ソンスさんの著書を、ある側面では日本社会のマイノリティにあたる女性二人が翻訳したものです。

私と韓国の出会いは、1988年の初夏です。ソウル五輪の年ですが、小学4年生の私が見たのは、知り合いが釈放されたといって喜ぶ両親の姿でした。父の友人が牢屋にいたことに驚きましたが、理由を聞きながら「言いたいことを言うだけで逮捕されることもあるのか……」と思ったものです。その後、軍事独裁政権時に検挙され「政治犯」として収監されていた一人が、父の幼なじみだと知りました。日本から韓国の大学に留学をしていた在日コリアンの彼は13年の監獄生活を経て、軍政の終わりとともに釈放されたのでした。

2回目の出会いは大学時代。和太鼓サークルなどにどっぷりつかる毎日で、韓国のことなどすっかり忘れていましたが、偶然にも父の友人と監獄で一緒だった先生が所属学部にいたので、そのゼミの一期生になりました。そうして大学4年生のとき、韓国の延世大学に留学しました。色んな国から来た留学生と出会い、映画『パラサイト』に出てくる半地下さながらの下宿で韓国人ルームメイトと過ごした日々は、私の韓国との直接的なかかわりの原点です。

そして留学後に日本で修士課程を修了しましたが、内定していた就職が直前に取り消され、行くあてほしさと「まだ研究できることがあるかもしれない」という自分への淡い期待とともにソウル大学の大学院に進学を決めました。

ただ、なりゆきで覚悟もなくスタートしてしまった大学院生活は、みじめものになりました。小学生のときの記憶もあり、韓国の「表現の自由」について研究しようと思っていたものの、権威主義的な雰囲気のなかで、冗談みたいに何も「表現」したくなくなってしまったのです。留学生仲間だった共訳者の相さんや、色んな友人たちのおかげでなんとか単位取得までの2年半をやり過ごすことができましたが、ずっと研究を続けられるほどの実力も気力もないことに気づき、2度目の留学はあっけなく終わってしまいました。

その後はしごとや家事・子育てに追われる日々でしたが、2018年、NHKのBS放送で『ブラックリスト〜韓国の〝言論弾圧〟は何を意味するのか』を見て、十数年ぶりに韓国の「表現の自由」について調べ始めました。勢い余って韓国に住む友人たちにそのことを話したところ、びっくりするくらい色んな情報や文献を送ってくれました。そのうちの一つが、ホン・ソンスさんが書いた本書です。私がいちばん知りたかった李明博《イミョンバク》、朴槿恵《パククネ》政権時の「表現の自由」が規制されたブラックリスト事件について書かれたものではありませんでしたが、前書きとプロローグを読んだだけで、同世代に「こんなよい文章を書く法学者がいる」ことがただただ嬉しく、線を引きまくって読み進めました。

前置きが長くなりました。

これが日本社会に蔓延する嫌韓本やヘイトスピーチにうんざりしながらも、見て見ぬふりをしてきた私が本書と出会ったいきさつです。著者が「自身が韓国社会のマジョリティであることを明言したうえで、一研究者として個人的実践・社会全体の対応・法律や制度改革の大切さ・マジョリティがへイトにどう向き合うのかという視点からこの本を書いた」ことを知り、目から鱗が落ちました。

またその頃、とあるサークルで出会った方たちの「誰かの排除」を意図した言動に直面したとき、その場で「おかしい」と自分が言えなかったことも本書を翻訳する原動力になりました。さまざまな形の偏見は誰しも持ちえますが、それが「ことば」として身近なところで発せられたときの破壊力は、私にとって想像を絶するものでした。とっさに何がどうダメなのかをうまく言えなかったのは、基準となる「ものさし」がないからだと感じていたときでもありました。

そういったこともあり、本書は「ヘイト」と「差別」がはびこる空間そのものがイヤだなと思っている人たちにも届いてほしい本です。ヘイトに対してはいろんな形の対抗表現＝カウンターがあり、身近なところで「ノー」が言える関係を構築していくのも一つの個人的実践だと思います。そのためには、声をあげた人がかえって傷ついたり孤立、排除されることがないよう、法律と制度、社会や組織の雰囲気が個人的実践をバックアップする必要があることを著者は強調しています。

そしてこの本には、多くの「問い」があることも重要だと思います。それによってマジョリティ的側面をもつ人たちは、「意図していない無自覚なハラスメント」を減らすことができるはずです。誰かや特定のマイノリティを傷つけたくて生きている人でないかぎり、「気づけなかったことに気づくきっかけ」になると信じます。

ホン・ソンスさんはこの本を通じて、どうやってヘイトを規制するシステムを配置するのかといった多様な可能性を模索しています。それは何かに意見したり「ノー」を言うときには「さまざまなやり方」があり、「だれにもできることがあると思わせてくれる」ことにもつながるのではないでしょうか。私たちがふだんの生活を充実させるうえでも、固定観念や偏見から離れたほうが色んな面白いことや面白い人に出会えるのと同じです。

翻訳にあたっては、韓国の友人たちからたくさんのことを教えてもらいました。その友人たち、この本の翻訳刊行を当初から応援してくれた京都・一乗寺のマヤルカ古書店のなかむらさん、本書の企画と提案についてとても丁寧に相談にのってくれたライターの太田明日香さん、訳注の監訳を快く引き受けてくれた朴鍾厚《パクジョンフ》さんに心よりお礼申し上げます。

世界各地でヘイトがはびこりその解決策が急がれている今、本書がブラック・ライブス・マターをきっかけにシリーズ化が決まった「いきする本だな」のスタートを飾ったことは、大きな社会的意義があると思います。日本でのヘイトはもちろん、アメリカやヨーロッパでアジア系住民へのヘイトクライムが増えているのを見ると他人事ではありません。差別は日常を奪い、いきを殺して生きることにつながります。この本は差別とヘイトが物理的暴力につながる恐怖についても言及しており、それに対して私たち一人一人がどのような行動をとることができるのかを考えるテキストにもなるはずです。

「ヘイトやハラスメントがはびこる社会はイヤだ」という私たち翻訳者のささやかな思いから、このシリーズに本書を選んで下さった出版社ころからにも感謝いたします。

そして喧嘩もするけれど面白おかしい毎日を共にしてくれる家族と友人たちへ。いつもありがとう。

何より本書を手にとって下さった皆さま。ありがとうございます。

2021年4月　たなともこ

原注

プロローグ

1　たとえば2016年3月21日、韓国プレスセンターで「教会と信仰」の主催で"同性愛に対する表現の自由と国内外立法動向"というテーマのフォーラムが開かれた

2　ペク・サンヒョン、『同性愛is』未来社、2016、121ページ

3　チョ・ヨンギル、〈同性愛、差別禁止法ビジョン文化特講〉、セヂュンアン教会大礼拝堂、2016年11月13日(http://blog.naver.com/dreamteller/220860830583)

4　2016年9月時事週刊誌〈時事IN〉が「憤怒した男性たち」によるメガリア攻撃を批判的に分析した記事を掲載するのをうけ、「今日のユーモア」、「クーリアンclien」など進歩的オンラインコミュニティが、ボイコット運動を呼びかけた騒動

5　2016年7月、正義党文化芸術委員会が女性主義オンラインコミュニティ、メガリアを支持する論評を出したことを理由に、一部党員が脱退した事態。彼らは男性嫌悪を助長するメガリアを支持するのは不当だと主張した

レッスン 1

1　ドラマ〈馨榮堂日記〉は2006年、脚本公募展で大賞を受賞した作品で、2014年11月MBC〈ドラマフェスティバル〉で放映された。これに対し、「同性愛問題対策委員会」という団体が、放映を中断するようMBC社屋前で抗議デモをくり広げた

2　ここで言及された日本の嫌韓デモ隊のことばは、次の本から引用したものであり、便宜上引用表示をしなかった。神原元、『ヘイト・スピーチに抗する人びと』新日本出版社、2014；安田浩一、『ネットと愛国』講談社、2012；師岡康子、『ヘイトスピーチとは何か』岩波書店、2013；イ・イルハ、『カウンターズ』21世紀ブックス、2016

3　"「体を売っている女や地下鉄で化粧…」東国大学教授の妄言糾弾の壁新聞"、〈ハンギョレ新聞〉2017年6月21日(http://blog.naver.com/dreamteller/220860830583)

4　上野千鶴子『女ぎらい—ニッポンのミソジニー』紀伊國屋書店、2010

5　International Covenant on Civil and Political Rights,1966.以下、国際条約の翻訳はユネスコ韓国委員会が作成した『国際人権条約集』2000参照

6　Recommendation No. R (97) 20 on "hate speech" adopted by the Committee of Ministers of the Council of Europe on 30 October 1997.

7　UN, United Nations Strategy and Plan of Action on Hate Speech, 2019.

8　C. R. Lawrence III, "If He Hollers Let Him Go: Regulating Racist Speech on Campus" , in M. J. Matsuda et al. Words That Wound: Critical Race Theory, Assaultive Speech, And The First Amendment, Westview Press, 1993, pp.59-62.

9　DEBORAH HELLMAN,『差別はいつ悪質になるのか』キム・テグン訳、ソヘムンチプ、2016。この本でヘルマンは、マイノリティは歴史的に不適切な処遇と関連があるなど、現在の社会的不利益と関連ある特性(HSD, History of mistreatment or current Social Disadvantage)をもっていると述べている

10　Christian Delacampagne,『人種差別の歴史』ハ・ジョンヒ訳、イエジ、2013

11　〈ヘイト表現の実態調査及び規制方案の研究〉、国家人権委員会2016年度人権状況実態調査研究用役報告書、研究責任者：ホン・ソンス、2016、21ページ

12　キム・ジヘ、"差別扇動の規制：ヘイト表現に関する国際法的・比較法的検討を中心に"、〈法曹〉64(9)、

2015;イ・ジュヨン、“ヘイト表現に対する国際人権法的考察”、〈国際法学会論叢〉60(2)、2015

13 〈ヘイト表現の実態調査及び規制方案の研究〉、21ページのヘイト表現の概念の定義を修正、補完したものだ

14 差別禁止事由についてはホン・ソンス、"差別とは何か：差別禁止法上の差別禁止事由の意義"、『法と社会』、66号、2021、25-70ページ参照

15 国家人権委員会、ヘイト表現レポート、2019

16 UN, United Nations Strategy and Plan of Action on Hate Speech: Detailed Guidance on Implementation for United Nations Field Presences, 2020, p. 11

17 同じような脈絡で女性嫌悪という呼び名が不当な現実を打破する糸口になりえ、各自の個々の経験を女性嫌悪に結束させる必要性が提起される。イ・ミンギョン、『私たちにはことばが必要だ：フェミニストは黙らない』ポムアラム、2016、98〜102ページ参照

18 単行本としては、イ・ヒョンジェ、『女性嫌悪その後、私たちが出会った非体』トゥルニョ、2016；上野千鶴子、『女ぎらい』ユン・ボラ他、『女性嫌悪がなんだって？：裸になったことばの世界』現実文化、2015；ヤンパ(チュ・ハナ)、『女嫌民国』ベリブック、2017；アイズ編集部、『2016女性嫌悪エンターテインメント』アイズブック、2016；韓国女性民友会編、『道にたつフェミニズム：女性嫌悪を止めるための8時間、28800秒の記録』クンリ、2016；学術文献としてはキム・ウンジュ、“女性嫌悪(misogyny)以後の女性主義(feminism)の主体と戦略：ヘイトの模倣とハイブリッドな主体性”、〈韓国女性哲学26,2016；キム・スア、“オンライン上の女性嫌悪表現”、〈フェミニズム研究〉15(2)、2015；キム・ジヘ、イ・スッジョン、“女性嫌悪に対応するオンラインコミュニティの実践戦略と政治の世俗化の可能性”、〈コミュニケーション学研究〉25(1)、2017；イ・ナヨン、“女性嫌悪とジェンダー差別、フェミニズム”、〈文化と社会〉22,2016；チョン・インギョン、“ポストフェミニズム時代のインターネット女性嫌悪”、〈フェミニズム研究〉16(1)、2016など参照

19 イ・ナヨン、ペク・ジョヨン、“〈性科学研究協会〉を中心に見た「プロテスタント」同性愛「嫌悪談論」”、〈女性学研究〉27(1)、2017；ハン・チェユン、“同性愛と同性愛嫌悪の間には何があるのか”、〈生命研究〉30、2013

20 障がい者嫌悪については“別途制裁のないウェブトゥーン、障がい見くだし・戯画化・ヘイト表現が多い”、〈ウェルフェアニュース〉、2017年8月8日 (http://www.welfarenews.net/news/articleView.html?idxno=62219) 参照；女性、障がい者、少数人種、性的マイノリティに対するヘイトを扱っているホン・ジェヒ、『それはヘイトです：少しでも傷つけあわないために言うべきことば』ヘンソンB、2017；移住、障がい、性的マイノリティに対するヘイト表現の問題を扱う〈ヘイト表現の実態と対策討論会資料集〉、ソウル大人権センター、ヘイト表現研究の集い主催、ソウル大近代法学教育百周年記念館、2016年1月28日等参照

21 イム・オッキ、“ヘイト発言、嫌悪感、他者としての隣人”、〈都市人文学研究〉8(2)、2016；キム・ジヘ、“差別扇動の規制”；イ・ジョンニョム、“オンラインヘイト発言と意思表現の自由”、〈ジャスティス〉153、2016；イ・ジュンイル、“ヘイト表現と差別的表現に対する規制の必要性と方式”、〈高麗法学〉72、2014；イ・スンヒョン、“ヘイト表現規制に対する憲法的理解”、〈公法研究〉44(4)、2016；パク・ヘヨン、“ヘイト表現(Hate Speech)に関する憲法的考察”、〈公法学研究〉16(3)、2015；イ・クァンジン、“ヘイト表現と表現の自由”、〈法と政策研究〉17(1)、2017；ペ・サンギュン、“日本のヘイトスピーチイベント規制に関する検討”、〈刑事政策研究〉28(2)、2017；ノ・ジェチョル、コ・ジュンキ、“hate-speech等人種主義的嫌悪表現に対する法的規制の動向と示唆点”、〈法学論叢〉40(3)、2016；ホン・ソンス、“ヘイト表現の規制：表現の自由と少数者保護のための規制代案の模索”、〈法と社会〉50、2015；パク・ジウォン、“ヘイト表現の制裁立法に関する小考”、〈アメリカ憲法研究〉27(3)、2016；イ・ジュヨン、“ヘイト表現に対する国際人権法的考察：憎悪扇動を中心に”等参照

22 幼稚園と小・中・高の教師10名のうち6名が学校で「女性嫌悪」表現を聞いたり接したことがあるという調査結果が出ている。この時教師が女性嫌悪と認知したのは極端な女性嫌悪表現の事例だ

けではなかったはずだ。"「先生、キムチ女ですか？」教師60％が「女性嫌悪表現」経験"、〈連合ニュース〉、2017年7月10日（http://news.naver.com/main/read.nhn?mode=LSD&mid=sec&sid1=102&oid=001&aid=0009396963）

レッスン 2

1 イ・ジュンソク、"漠然とした拒否感と切迫感の対立"、〈週刊京郷〉、1028号、2013年6月4日（http://weekly.khan.co.kr/khnm.html?mode=view&code=115&artid=201305281048351&pt=nv）

2 以下の内容は、次の文献を参照した。キム・ジへ、"侮辱的表現と社会的差別の構造：日常の言語と法的接近の方向"、＜法と社会＞、５５、2017、6ページ以下：ユ・ミンソク、『メガリアの反乱』ポムアラム、2016、2章参照

3 安田浩一、『ネットと愛国　在特会の「闇」を追いかけて』講談社、2012

4 この点は次の文献を参照されたい。ユン・ジョン"現実の運営原理としての女性嫌悪：男性恐怖から痛感と怒りの政治学へ"、〈哲学研究〉115、2016、235〜237ページ；"ユン・ジョン：転覆的反射鏡としてのメガリア論争：男性嫌悪は可能なのか"、〈韓国女性哲学〉24, 2015、5〜79ページ

5 "「メガリア」・・・女性嫌悪に鍛えぬかれた「こわいお姉さんたち」"、〈時事IN〉418号、2015年9月19日（http://www.sisain.co.kr/?mod=news&act=articleView&idxno=24350）；"正義の番人たち？"、〈時事IN〉467号、2016年8月27日（https://www.sisain.co.kr/news/articleView.html?idxno=26764）

6 男性嫌悪は成立しにくいと見るが、男性に対する侮辱的な表現を便宜上、男性嫌悪と呼んだ

7 「ミラーリング運動」は過去に、女性に向けて使われた女性嫌悪を逆手にとって反撃すること、つまり鏡に照らすように男性に向けて男性を嘲弄する運動だ。一部ではこれが男性嫌悪であり、女性嫌悪と同じように社会的に有害だと主張されるが、ミラーリング運動を擁護する側では、女性主義の運動的戦略とみなしている

8 アメリカ雇用機会平等委員会（EEOC）の統計によると、2010年から2016年まで、男性がセクハラ申告をした割合は毎年16から17パーセントを行き来している

9 京郷新聞の特別取材チームが10〜30代の回答者約50名から社会的ヘイトの対象になる単語を聞いた時に思い浮かぶ姿、単語、行動を調査し、多くの回答を得た単語を整理したものである。"憤怒と不安「歪曲された投射」…世の中が一斉に色眼鏡をかけた"、＜京郷新聞＞、2017年10月1日（http://news.khan.co.kr/kh_news/khan_art_view.html?artid=201710011923005&code=210100#csidxa30b73fc84dd03d89277e0fe319fa50）

レッスン 3

1 2016年同性愛クィアフェスティバル反対デモで、ある参加者が掲げていたプラカードの文言

2 国家人権委員会、"インターネット上の人種差別的表現を改善するための意見表明"（2010年12月30日）、「付録2：インターネットでの人種的表現関連モニタリング内容」参照

3 日本の嫌韓デモ隊のデモ文言

4 仁川地方法院2009年11月29日判決

5 マーサ・ヌスバウム、『嫌悪と羞恥心、人間らしさを破壊する感情』チョ・ゲウォン訳、ミンウン社、2015、200〜214ページ以下；マーサ・ヌスバウム、『嫌悪から人類愛へ：性的指向と憲法』カン・ドンヒョク訳、プリワイパリ、2006、51〜61ページ参照

6 2013年イギリスで罰金約426万ウォンに処され、サッカー場への出入りを禁止された事件

7 刑法一部改正法律案（アン・ヒョデ議員代表発議、2013年6月20日）

8 国家人権委員会"インターネットでの人種的表現関連モニタリング"事例のうちの一部

9 ＜ヘイト表現の実態調査及び規制方案研究＞、188ページ。差別的な講演に抗議する性的マイノリ

ティ(支持者)に向かって学生たちが“汚い”、“石で殴って殺したい”といったという証言参照

10 アーティクル19が提示する憎悪扇動の概念については次を参照のこと(Article 19, “The Camden Principles on Freedom of Expression and Equality”,2009.4)。すべての国では差別、敵対感、暴力(ヘイト表現)などを扇動する国家的、人種的、宗教的憎悪についてすべての擁護を禁止する法を制定しなければならない。国家制度で明示的あるいは権威ある解釈を通じ、次の事項を明らかにしなければならない
1.「憎悪」と「敵対感」という用語はターゲット集団に対する激昂で不合理な非難、敵意、嫌悪の感情を言う
2.「擁護」という用語はターゲット集団に向かった憎悪を公開的に助長しようとする意図を要件にすると理解すべきである
3.「扇動」という用語は国家的、人種的、宗教的集団についての表現で、その集団に属する人たちについて差別、敵対感、暴力を引き起こしうる差し迫った危険をつくることを言う
4.いくつかの共同体が集団アイデンティティについて肯定的な認識を高揚するのは憎悪表現に該当しない

11 イ・ジュヨン、“ヘイト表現に対する国際人権法的考察”、200ページ

12 2009年4月アーティクル19が発表した“表現の自由と平等に関するケムデン原則(Camden Principles on Freedom of Expression and Equality)”. http://www.unhcr.org/refworld/docid/4b5826fd2. アーティクル19のような国際人権団体でも法で禁止するヘイト表現は憎悪扇動に限定されるべきだと主張している。それでこそ乱用や表現の自由との衝突を避けられるのだ。Article 19, Prohibiting Incitement to Discrimination, Hostility or Violence, 2012参照

13 イ・ジュヨン、“ヘイト表現に対する国際人権法的考察”、200〜201ページ

14 ファゴットは男性同性愛者を卑下する表現である

15 李《イ》明博《ミョンバク》大統領候補インタビュー、＜朝鮮日報＞、2007年5月12日

16 差別禁止法案(キム・ジェヨン議員代表発議、2012年11月6日)参照。他の差別禁止法案も類似した概念の定義を提示している。“性別などを理由に身体的苦痛を加えたり、羞恥心、侮辱感、恐れなどの精神的な苦痛を与える行為”(キム・ハンギル議員代表発議、2013年2月12日);“性別、人種、皮膚の色、出身民族、障がいを理由に身体的苦痛を加えたり、羞恥心、侮辱感、恐れなどの精神的な苦痛を与える行為”(チェ・ウォンシク議員代表発議、2013年2月20日)

17 類似した概念として「職場内ハラスメント(あるいは仕事先でのハラスメント)」があり、これは職場内で他の労働者の人格を侵害したり身体的、精神的健康を毀損するハラスメント行為を意味する。ここでは差別的ハラスメントが含まれているが、差別的属性を理由にしないハラスメントもあるために差別的ハラスメントとは区分すべきである

18 一方アメリカの一部自由主義者たちは職場や学校でのセクハラ、ハラスメントなどの表現規制が、表現の自由を侵害していると主張している。これについてはホン・ソンス、“訴訟を通じた社会変動戦略の限界:アメリカセクハラ訴訟を中心に”、＜法と社会＞38

19 一貫性のためにはハラスメントを「戯弄」と翻訳するべきで、障がい、人種、性的指向などによる嫌がらせを「障がい戯弄」、「人種戯弄」、「性的指向戯弄」と呼ぶべきである。しかし問題の本質をより明らかに表す翻訳語は「嫌がらせ」であり、差別禁止法案も「嫌がらせ」という用語を使っている。[なお日本語訳では「嫌がらせ」をハラスメントと訳した]

レッスン4

1 ＜ヘイト表現の実態調査及び規制方案研究＞、200〜201ページ

2 ＜ヘイト表現の実態調査及び規制方案研究＞、220ページ

3 ジョン・スチュアート・ミル、『自由論』ソ・ビョンフン訳、チェクセサン、2005

4 これについての概観は、J.F.Dovidio et al.,“J. F. Dovidio et al., “Prejudice, Stereotyping and Discrim

ination:Theoretical and Empirical Overview", in J. F. Dovidio et al. (ed), The Sage Handbook of Prejudice, Stereotyping and Discrimination, Sage Publications Ltd,2013,pp3～28参照。韓国で性的マイノリティに対するヘイト表現の危害を調査・研究したものとしては次を参照のこと。韓国ゲイ人権運動団体友達との間、"2014韓国LGBTIコミュニティの社会的欲求調査"、2014；イ・ホリム、"少数者ストレスが韓国性的マイノリティ（LGBT）の精神健康に与える影響"、ソウル大学修士学位論文、2015；国家人権委員会、"性的指向・性別アイデンティティによる差別実態調査"、研究遂行機関：公益人権法財団共監、2014年度研究用役報告書、2015など参照

5 師岡康子、『ヘイトスピーチとは何か』岩波書店、2013

6 M. J. Matsuda, "Public Response to Racist Speech: Considering the Victim's Story", Michigan Law Review 87(8), 1989, 2332ページ

7 Matsuda、上記論文、2332ページ

8 Lawrence III, "If He Hollers Let Him Go: Regulating Racist Speech on Campus",452ページ

9 イ・ジュンイル、"ヘイト表現を法で処罰できるか？"、『＃嫌悪_注意』アルマ、2016、156～161ページ参照

10 これに対する議論は次を参照のこと。ジェレミー・ウォルドロン、『ヘイト表現、自由はどうやって危害になるのか？』ホン・ソンス、イ・ソヨン訳、イフ、2017、3章

11 ＜ヘイト表現の実態調査及び規制方案研究＞、205ページ

12 ＜ヘイト表現の実態調査及び規制方案研究＞、196ページ

13 ＜ヘイト表現の実態調査及び規制方案研究＞、207ページ

14 ウォルドロン、『ヘイト表現、自由はどうやって危害になるのか？』15～16ページ

15 ウォルドロン、『ヘイト表現、自由はどうやって危害になるのか？』133ページ

16 ウォルドロン、『ヘイト表現、自由はどうやって危害になるのか？』15～16ページ

17 ウォルドロン、『ヘイト表現、自由はどうやって危害になるのか？』108ページ

18 平等と差別禁止が表現の自由よりもさらに究極的な国際人権規範の目標という主張は次を参照のこと。S. Farrior, "Molding the Matrix: The Historical and Theoretical Foundations of International Law Concerning Hate Speech", Berkeley Journal of International Law 14(1), 1996, pp. 3~6

19 国連自由権規約委員会は自由権規約19条（表現の自由）と20条2項（ヘイト表現禁止）の関係を"相互補完的"である関係、"特別法"と解釈し、人種差別撤廃委員会も人種的憎悪に基づいた想像の伝播を禁止するのが表現の自由と両立できるという立場を明らかにした。UN Human Rights Committee, General Comments no. 34 Freedoms of Opinion and Expression, 12 September 2011, CCPR/C/GC/34, para. 50~51; Committee on the Elimination of Racial Discrimination,General Recommendation no. 15: Measures to eradicate incitement to or acts of discrimination (Forty-second session, 1993), U.N. Doc. A/48/18 at 114 (1994),para.4参照

20 次の図を一部修正、補完した。Anti-Defamation League, "Pyramid of Hate"(http://www.adl.org/assets/pdf/education-outreach/Pyramid-of-Hate.pdf)

21 ゴードン・オールポート、『偏見の心理』イ・ウォンヨン訳、ソンウォンサ、1993、35～36ページ

22 G. H. Stanton, "The 8 Stages of Genocide"(https://www.keene.edu/academics/ah/cchgs/resources/educational-handouts/the-eight-stages-of-genocide/download/)

23 出産率低下、健康保険料引き上げなどの社会問題を性的マイノリティのせいにし、スケープゴートにする問題を指摘する国、"誰かの人生に反対する：性的マイノリティ運動がぶつかったヘイトの政治勢力化"、『女性嫌悪がなんだというのか？：裸になったことばの世界』235～237ページ

24 名誉棄損や侮辱の場合のように、ヘイト表現も刑事処罰されるべきだという話ではない。個人的には、

名誉棄損罪や侮辱罪は廃止されるか、その適用が制限されるべきで、(のちに詳しく説明するが)ヘイト表現禁止法の効用と正当性について懐疑的な考えを持っている。ただヘイト表現をこのまま放置することはできず、どんな方法であれ介入が必要だという点を指摘しておく

25 京郷新聞特別取材チームが10〜30代の回答者50名程度に社会的ヘイトの対象になる単語を聞いて思い浮かぶ姿、単語、行動を調査し、多く出た答えを整理したもの。“憤怒と不安「ゆがんだ投射」…世の中がみんな「色眼鏡を」かけた”、＜京郷新聞＞、2017年10月1日(http://news.khan.co.kr/kh_news/khan_art_view.html?artid=201710011923005&code=210100#csidxa30b73fc84dd03d89277e0fe319fa50)

レッスン 5

1 ゴードン・オルポート、『偏見　社会心理学から見た偏見の根』、ソク・ギヨン訳、教養人、2020、14章

2 韓国人3名のうち1名「外国人労働者と隣人になりたくない」、京郷新聞、2016年3月14日付 (http://news.khan.co.kr/kh_news/khan_art_view.html?art_id=201603141200001#csidx50ad34cf1cc7d61906eb5b074a80b0d, 最終閲覧：2021年3月30日)

3 Andrew R. Flores, Social Acceptance of LGBT People in 174 Countries 1981 to 2017, The Williams Institute, 2019

4 安田浩一『ネットと愛国』、梁英聖『日本型ヘイトスピーチとは何か―社会を破壊するレイシズムの登場』、影書房、2016年

5 ノ・ユンソン『嫌韓の系譜』クルハンアリ、2019

6 マーサ・ヌスバウム『他人への憐憫』イム・ヒョンギョン訳、アールエイチコリア、2020

7 キム・マングォン『トランプは再来するのか？』、ハンギョレ新聞、2020年10月26日

8 カス・ミュデCas Mudde、『ヘイトと差別はどうやって政治になるのか』、ウィズダムハウス、クォン・ウナ訳、2021

9 『30~40代韓国女性の雇用率、OECD37カ国中31位…「育児負担のため」』ニューシス、2021年3月18日、https://newsis.com/view/?id=NISX20210317_0001374064&cID=10401&pID=10400

レッスン 6

1 U.S Department of Justice, 2015 Hate Crime Statistics(https://ucr.fbi.gov/hatecrime/2015).

2 Home Office, Hate crime, England and Wales, 2014 to 2015(https://www.gov.uk/government/statistics/hate-crime-england-and-wales-2014-to-2015)

3 https://www.splcenter.org/hate-map.

4 このような趣旨の法案として、特定犯罪加重処罰などに関する法律の一部改正法律案(イ・ジョンゴル議員代表発議、2013年11月20日)参照

5 代表的なものとしてアメリカの憎悪犯罪統計法(Hate Crime Statistics Act of 1990)と韓国で発議された憎悪犯罪統計法案(イ・ジョンゴル議員代表発議、2016年12月12日)参照

6 京郷新聞社会部事件チーム、『江南駅10番出口、1004枚のポストイット：ある哀悼と闘いの記録』ナムヨンピル、2016。当時のメモはソウル市庁地下1階市民聴とソウル市女性家族財団に移され保管されている

7 ヘイト表現と憎悪犯罪が相互に連結しているのを指摘しているOSCE/ODIHR, “Preventing and Responding to Hate Crimes: A Resource Guide for NGOs in the OSCE Region”, 2009, pp. 17, 53.

レッスン7

1 日帝植民支配擁護行為者処罰法律案(イ・ジョンゴル議員代表発議、2014年6月20日)

2 5・18民主化運動などに関する特別法一部改正法律案(チェ・ミンヒ議員代表発議、2013年6月3日);5・18民主有功者礼遇に関する法律一部改正法律案(チェ・ミンヒ議員代表発議、2013年6月3日)、国家有功者等礼遇に関する法律一部改正法律案(チェ・ミンヒ議員代表発議、2013年6月3日);5・18民主化運動等に関する特別法一部改正法律案(パク・ジウォン議員代表発議、2016年6月1日);5・18民主化運動等に関する特別法一部改正法律案(キム・ドンチョル議員代表発議、2016年6月1日);5・18民主化運動等に関する特別法一部改正法律案(キム・ドンチョル議員代表発議、2016年6月14日);5・18民主化運動等に関する特別法一部改正法律案(イ・ゲホ議員代表発議、2016年7月20日)

3 日本帝国主義の植民統治及び侵略戦争などを否定する個人または団体の処罰等に関する法律案(ホン・イクピョ議員代表発議、2014年8月14日);日帝強占下民族差別擁護行為者処罰法案(ウォン・ヒリョン議員代表発議、2005年8月12日)

4 反人倫犯罪及び民主化運動を否認する行為の処罰に関する法律案(キム・ドンチョル議員代表発議、2003年5月27日)

5 "5・18歪曲チ・マンウォンもオーストリアだったら懲役刑を受けていた"、<メディアオヌル>、2013年5月22日(http://www.mediatoday.co.kr/news/articleView.html?idxno=109609)

6 パク・ギョンシン『表現・通信の自由:理論と実際』ロンヒョン、2013、20~21ページ参照。

レッスン8

1 International Covenant on Civil and Political Rights.1966. 以下国際条約の翻訳は次を参照した。チョン・インソプ編訳、『国際人権条約集』景仁文化社、2008

2 国際規範上の根拠については次の資料を参照。イ・ジュヨン、"ヘイト表現に対する国際人権法的考察"、;キム・チヘ、"差別扇動の規制"; I. Hare, "Extreme Speech under International and Regional Human Rights Standards", in I. Hare and J. Weinstein (ed), Extreme Speech and Democracy, OUP, 2010; T. Mendel, "Does International Law Provide for Consistent Rules on Hate Speech" , in M. Herz and P. Molnar (ed), The Content and Context of Hate Speech: Rethinking Regulation and Responses, Cambridge University Press, 2012.

3 Universal Declaration of Human Rights, 1948. これについての解釈は次を参照。チョ・ヒョジェ、『人権を探して』ハンウルアカデミー、2011

4 「あらゆる形態の人種差別撤廃に関する国際条約(International Convention of the Elimination of All Forms of Racial Discrimination, 1965)」第4条。締約国は、一の人種の優越性若しくは一の皮膚の色若しくは種族的出身の人の集団の優越性の思想若しくは理論に基づくあらゆる宣伝及び団体又は人種的憎悪及び人種差別(形態のいかんを問わない)を正当化し若しくは助長することを企てるあらゆる宣伝及び団体を非難し、また、このような差別のあらゆる扇動又は行為を根絶することを目的とする迅速かつ積極的な措置をとることを約束する。このため、締約国は、世界人権宣言に具現された原則及び次条に明示的に定める権利に十分な考慮を払って、特に次のことを行う

(a)人種的優越又は憎悪に基づく思想のあらゆる流布、人種差別の扇動、いかなる人種若しくは皮膚の色若しくは種族的出身を異にする人の集団に対するものであるかを問わずすべての暴力行為又はその行為の扇動及び人種主義に基づく活動に対する資金援助を含むいかなる援助の提供も、法律で処罰すべき犯罪であることを宣言すること

(b)人種差別を助長し及び扇動する団体及び組織的宣伝活動その他のすべての宣伝活動を違法であるとして禁止するものとし、このような団体又は活動への参加が法律で処罰すべき犯罪であることを認めること

(c)国又は地方の公の当局又は機関が人種差別を助長し又は扇動することを認めないこと

5 “International Mechanisms for Promoting Freedom of Expression, Joint Statement on Racism and the Media” by the UN Special Rapporteur on Freedom of Opinion and Expression, the OSCE Representative on Freedom of the Media and the OAS Special Rapporteur on Freedom of Expression, London, 27 February 2001.

6 “Rabat Plan of Action on the prohibition of advocacy of national, racial or religious hatred that constitutes incitement to discrimination, hostility or violence”, Conclusions and recommendations emanating from the four regional expert workshops organised by OHCHR, in 2011, and adopted by experts in Rabat, Morocco on 5 October 2012.

7 詳しくは〈ヘイト表現の実態調査及び規制方案の研究〉、3章;イ・ジュヨン、“ヘイト表現に対する国際人権法的考察”参照

8 特に重要な文書として次のようなものがある

Council of Europe Committee of Ministers, Recommendation No. R(97)20 of the Committee of Ministers to Member States on “Hate Speech”, 30 October 1997; Council of Europe, Additional Protocol to the Convention on Cybercrime concerning the Criminalisation of Acts of a Racist and Xenophobic Nature Committed through Computer Systems, ETS No.189, January 28, 2003; Council Framework Decision on Combating Certain Forms and Expressions of Racism and Xenophobia by Means of Criminal Law 2008/913/JHA, 28 November 2008.

9 CEDAW, Concluding Observations on the Seventh Periodic Report of Finland, 10 March 2014, CEDAW/C/FIN/CO/7, paras. 14, 15(c).

10 CPRD, Concluding Observations on the Initial Report of New Zealand, 31 October 2014, CRPD/C/NZL/CO/1, paras. 7~8.

11 HRC, Concluding Observations on Poland, 27 October 2010, CCPR/C/POL/CO/6, para.8.

12 HRC, Concluding Observations on Republic of Korea, 3 December 2015, CCPR/C/KOR/CO/4, para.15.

13 Article 19, “Responding to Hate Speech Against LGBTI People (Policy Brief)”, 2013, Annex: Domestic Prohibitions of Hate Speech; European Union Agency for Fundamental Rights(FRA), “Hate Speech and Hate Crimes against LGBT Persons”(http://fra.europa.eu/sites/default/files/fra_uploads/1226-Factsheethomophobia-hate-speech-crime_EN.pdf)参照

14 カナダ人権法(The Canadian Human Rights Act,1985)

15 デンマーク刑法(Danish Criminal Code, 2005). 226b条

16 オランダ刑法(Criminal Code of the Kingdom of Netherlands, 1881, amended 2012), 137c条1項

17 イギリス公共秩序法の29B 1項は2006年人種及び宗教憎悪法(Racial and Religious Hatred Act, 2006)と2008年刑事司法と移民法(Criminal Justice and Immigration Act, 2008)によって追加されたものだ

18 Human Rights Act, 1993, 61条1項

19 ドイツ刑法(Strafgesetzbuch) 130条 1項, 2項; Detlev, Sternberg-Lieben, in: tlev Sternberg-Lieben, in: Schönke/ Schröder (Hrsg.), Kommentar zun Strafgesetzbuch,29. Auflage, Verlarg, C.H.Beck, 2014. § 130 Rn. 3f 参照 :カナダの場合にも年齢、性別、性的指向、障がいなどを理由にした憎悪扇動を処罰する

20 ゲソ(Jean-Claude Gayssot)が提案した法で、別名「ゲソ法(Loi Gayssot, Gayssot Act)」はホロコーストなど反人道的犯罪の存在を否定する行為を処罰する。法律の正式名称は「Loi n° 90-615 du 13 juillet 1990 tendant à réprimer tout acte raciste, antisémite ou xénophobe(人種差別, 反ユダヤ人または外国人嫌悪行為処罰に関する1990年7月13日付法律)」である

21 カナダ刑法(Criminal Code of Canada,1985)第318条〔ジェノサイドの唱道〕第1項 ジェノサイドを唱道

又は助長した者は、正式起訴犯罪で有罪とし、5年以下の自由刑に処する。〔ジェノサイドの定義〕第2項 本条において、ジェノサイドは、識別しうる集団を全体的又は部分的に破壊することを意図して犯された、次の行為のいずれかを意味する。(a)当該集団の成員の殺害、又は、(b)身体的破壊をもたらすように意図された生活状態を、当該集団に故意に強いる行為。〔同意〕第3項 本条の罪の手続は、法務総裁の同意なしに開始できない。〔「識別しうる集団」の定義〕第4項 本条において、識別しうる集団とは、肌の色、人種、宗教、国民的若しくは民族的起源、年齢、性別、性的指向、ジェンダーのアイデンティティ若しくは表現、又は精神若しくは身体の傷害によって区別される公衆の一部をいう

22 在特会については次を参照。樋口直人『在特会と日本の極右』キム・ヨンスク訳、ジェイアンドシー、2016;安田浩一『ネットと愛国』;樋口直人『日本型排外主義—在特会・外国人参政権・東アジア地政学』名古屋大学出版会、2014; それ以外にも日本国内のヘイト表現の問題については師岡康子、『ヘイトスピーチとは何か』1章を参照

23 この二つの事件については安田浩一『ネットと愛国』3章を参照

24 ムン・ヨンジュ、"日本のヘイト表現と規制:京都地方裁判所の「街頭宣伝禁止など請求事件」判決事例を中心に"、〈日本研究論叢〉39、2014、108〜115ページ

25 翻訳は日本の法務省の英語翻訳を参照した。http://www.moj.go.jp/JINKEN/jinken04_00050.html(現在のURL)

26 駐大阪大韓民国総領事館の翻訳を参照。http://jpn-osaka.mofa.go.kr の管轄地域概観。管轄地域の情勢動向ページに掲示されている。リュ・ジソン、"最近の日本におけるヘイトスピーチ規制に関する研究:日本大阪市の規制条例を中心に"、〈法制〉672, 2016, 26〜50ページ、36〜45ページ参照。

レッスン 9

1 R. Post, "Interview with Robert Post", in M. Herz and P. Molnar (ed), The Content and Context of Hate Speech: Rethinking Regulation and Responses, Cambridge University Press, 2012, pp. 11~12参照

2 Jacobson and Schlink, "Hate Speech and Self-Restraint", pp. 227~232.

3 ただしヘイト表現の禁止が権力関係に基づかずに、教授、学生、職員などの「構成員」全体に適用される場合には問題の様相が変わってくる。実際にこのような表現綱領はアメリカ連邦最高裁判所で違憲判決を受けて廃止されており、実際に規制反対論の立場では企業や大学の自律的なヘイト表現禁止政策が構成員全体に適用されるのに批判的である。現在のアメリカの大学における表現綱領の現況については、大学生権利擁護団体であるFIREの報告書("Spotlight: Speech Codes 2015: The State of Free Speech on Our Nation' s Campuses" , https://www.thefire.org/spotlight-speechcodes-2015) を参照のこと。

レッスン 10

1 S. Bacquet, Freedom of Expression v. Hate Speech: An Illustration of the Dilemma through an Ind epth Analysis of Judicial Approaches in England and France, VDM Verlarg Dr. Müller, 2011; A. Co rtese, Opposing Hate Speech, Praeger, 2006, Chapter1; S. J. Heyman, "Hate Speech, Public Disco urse and the First Amendment", in I.Hare and J. Weinstein (ed), Extreme Speech and Democracy, OUP, 2010, p. 160.

2 K. Boyle, "Overview of a Dilemma: Censorship versus Racism" in S. Coliver (ed),Striking Balance: Hate Speech, Freedom of Expression and Non-Discrimination,Article 19 and the University of Ess ex, 1992.

3 M. Haraszti, "Foreword: Hate Speech and the Coming Death of the International Standard before

it was Born", in M. Herz and P. Molnar (ed), The Content and Context of Hate Speech: Rethinking Regulation and Responses, Cambridge University Press, 2012, p. xiii.

4 賛否両論はふつう賛成・反対の立場がはっきりと対立するが、ヘイト表現規制の賛否両論はそのような単純な構図ではない。どのようなヘイト表現なのか、どのような規制なのかによって数多くの論争構図がありうる。たとえば憎悪扇動への刑事罰に賛成する人が偏見助長型ヘイト表現の規制に反対すれば、その人がヘイト表現規制賛成論者なのか反対論者なのか曖昧だ。そのため「ヘイト表現」と「規制」についての概念をきちんと前提にしなければ空虚な論争になりがちだ。本文で説明した賛否両論は便宜上設定した対立として理解すべきだ

5 M. Rosenfeld, "Hate Speech in Consitutional Jurisprudence", in M. Herz and P. Molnar (ed), The Content and Context of Hate Speech: Rethinking Regulation and Responses, Cambridge University Press, 2012, pp. 282~283.

6 Cortese, Opposing Hate Speech, pp. 155~156; Lawrence III, "If He Hollers Let Him Go: Regulating Racist Speech on Campus", p. 86; A. Tsesis, "The Empirical Shortcomings of First Amendment Jurisprudence; A Historical Perspective on the Power of Hate Speech", Santa Clara Law Review 40, 2000, pp. 765~770; B.Parekh, "Is There a Case for Banning Hate Speech", in M. Herz and P. Molnar (ed), The Content and Context of Hate Speech: Rethinking Regulation and Responses, Cambridge University Press, 2012, pp. 48~49.

7 これと関連して次のような実証的研究がある。L. B. Nielsen, "Power in Public: Reactions, Responses and Resistance to Offensive Public Speech", in I. Maitra and M. K. McGowan (ed), Speech & Harm: Controversies over Free Speech, OUP, 2012, pp. 148~173参照

8 Y. L. Mengistu, "Shielding Marginalized Groups from Verbal Assaults", in M. Herz and P. Molnar (ed), The Content and Context of Hate Speech: Rethinking Regulation and Responses, Cambridge University Press, 2012, pp. 356~359; キム・ヒョンギョン、パク・ボラム、パク・スンファン、"性的マイノリティに対するヘイト表現、その擁護の論理を超えて:表現の自由論批判と市民権の再構成"、＜公益と人権＞12、2012、235～238ページ

9 同じ趣旨でヘイト表現が「承認権」を破壊すると指摘する人もいる。Heyman, "Hate Speech, Public Discourse and the First Amendment", pp. 166~169, 177

10 R. Post, "Hate Speech", in I. Hare and J. Weinstein (ed), Extreme Speech and Democracy, OUP, 2010, pp. 134~135.

11 K. Mohoney, "Pressure Valves and Bloodied Chickens: An Assessment of Four Paternalistic Arguments for Resisting Hate-speech Regulation" , in A. Lederer and R.Delgado (ed), The Price We Pay: The Case against Racist Speech, Hate Propaganda,and Pornography, Hilland Wang, 1995, pp. 294~295.

12 C. E. Baker, "Hate Speech", in M. Herz and P. Molnar (ed), The Content and Context of Hate Speech: Rethinking Regulation and Responses, Cambridge University Press, 2012, pp. 73~74; C. E. Baker, "Autonomy and Hate Speech", in I. Hare and J. Weinstein (ed), Extreme Speech and Democracy, OUP, 2010, p. 152.

13 Matsuda, "Public Response to Racist Speech", pp. 49~50.

14 同じ意見にイ・ジュヨン、"ヘイト表現についての国際人権法的考察"、211ページ参照

15 Whitney v. California, 274 U.S. 357, 377 (1927) (Brandeis, J. and Holmes, J.,concurring).

16 イ・ジェスン、"国家犯罪"、エルピ、2010、579ページ

17 ACLU, "Speech on Campus" (https://www.aclu-nh.org/en/news/hate-speechcampus.)

18 Strossen, "Hate Speech and Pornography",p.462以下参照

19 ミル、『自由論』42ページ

20 ジョン・ミルトン、『アレオパジティカ：言論自由の経典』全面改訂版、パク・サンイク訳、インガンサラン、2016、149ページ

21 憲裁1992.11.12. 89憲マ88

22 K. Gelber, Speaking Back: The Free Speech versus Hate Speech Debate, John Benjamins Publishing Company, 2002, pp. 10, 89; K. Gelber, "Hate Speech and the Australian Legal and Political Landscape", K. Gelber and A. Stone (ed), Hate Speech and Freedom of Speech in Australia, The Federation Press, 2007, p. 16; K.Gelber, "'Speaking Back': The Likely Fate of Hate Speech Policy in the United States and Australia", in I. Maitra and M. K. Mcgowan (ed), Speech and Harm: Controversies Over Free Speech, OUP, 2012, pp. 53~56.

23 一方、規制反対論者は国家と法が「形式的自律性」だけを保護すべきだと主張している。Baker, "Hate Speech", pp. 63~67.

24 Mengistu, "Shielding Marginalized Groups from Verbal Assaults", pp. 356~359.

25 K. Gelber, "Reconceptualizing Conterspeech in Hate Speech Policy" , in M. Herz and P. Molnar (ed), The Content and Context of Hate Speech: Rethinking Regulation and Responses, Cambridge University Press, 2012, pp. 208~209.

26 O. Fiss, The Irony of Free Speech, Harvard University Press, 1996, p. 17.; D. A. J.Richards, Free Speech and the Politics of Identity, OUP, 1999. リチャードは表現の自由が「アイデンティティの政治」を実現する核心であり、差別という「構造的不正義」に立ち向かって闘う最も原則的で強力な解決であると主張している

27 Richards, Free Speech and the Politics of Identity, 4章; Gelber, Speaking Back,3章参照

28 M. Herz and P. Molnar, "Introduction", in M. Herz and P. Molnar (ed), The Content and Context of Hate Speech: Rethinking Regulation and Responses, Cambridge University Press, 2012, p. 4; Joint Submission by the Special Rapporteur on Freedom of Opinion and Expression, the Special Rapporteur on Freedom of Religion or Belief, and the Special Rapporteur on Racism, Racial Discrimination, Xenophobia and Related Intolerance, "Expert Workshop on the Prohibition of National, Racial or Religious Hatred", Vienna, 9~10 February 2011, p. 15.

29 同じ趣旨の主張にCortese, Opposing Hate Speech, pp. 156~159参照

30 Baker, "Hate Speech", pp. 73, 75; Baker, "Autonomy and Hate Speech", p. 151; S.Braum, Democracy Off Balance: Freedom of Expression and Hate Propaganda Law in Canada, University of Toronto Press, 2004, chapter 9; A. Harel, "Hate Speech and Comprehensive Forms of Life", in M. Herz and P. Molnar (ed), The Content and Context of Hate Speech: Rethinking Regulation and Responses, Cambridge University Press, 2012, pp. 322~324. 規制反対論では大学などにおけるヘイト表現規制についても同じ立場をとる。代表的なものとして N. Strossen, "Regulating Racist Speech on Campus: A Modest Proposal", Duke Law Journal, 1990, p. 562 参照

31 オールフォート、『偏見の心理』30章；ロバートJ. ストンバーグ・カリンストンバーグ、『我々は敵になったのか』キム・ジョンヒ訳、21世紀ブックス、2010、338〜389ページ参照。

レッスン 11

1 ファグ(Fag)は同性愛者を見くだす表現の「ファゴット」を縮約したものだ

2 C. Stewart, Contemporary Legal Issues: Homosexuality and the Law: A Dictionary, ABC-CLIO, 2001.

3 S. Sorial, "Hate Speech and Distorted Communication: Rethinking the Limits of Incitement", Law and Philosophy 34, 2015, pp. 300~301.

4 次の文章は、ヘイトが「動く標的(moving target)」であり、ヘイト表現に対する法規制は結局「穴埋め

式規制」にならざるを得ない点を指摘している。S. Braum, Democracy Off Balance: Freedom of Expression and Hate Propaganda Law in Canada, University of Toronto Press, 2004, pp. 165~169.

5 これは法(訴訟)を通した社会変動の限界でもある。ホン・ソンス、“訴訟を通した社会変動戦略の限界”、218～220ページ;ホン・ソンス、“9章法と社会変動”、キム・ミョンスクほか、『法社会学:法と社会の対話』タサン出版社、2013参照

6 次の文章でこのような指摘を探すことができる。J. Weinstein, Hate Speech, Pornography,and Radical Attacks on Free Speech Doctrine, Westview Press, 1999, pp. 155~156;Baker, “Autonomy and Hate Speech”, pp. 150~151, 153; Baker,“Hate Speech”, p.75.

7 例えばヘイト表現に対して沈黙する執権保守勢力、エリート、市民社会の責任を指摘する“度を超えたヘイト発言、韓国社会が「毒キノコ」の危険”(ヤン・デウン、シン・ジヌクのコメント)、〈京郷新聞〉、2015年1月3日(http://news.khan.co.kr/kh_news/khan_art_view.html?art_id=201501031430561)

8 エチオピアとルワンダでヘイト表現の規制が政治的反対派を弾圧するのに乱用されたという事例研究は次を参照。Mengistu, “Shielding Marginalized Groups from Verbal Assaults”, pp. 370~374.国際アムネスティのロシア、ウズベキスタン、インドネシアの乱用事例は次を参照。Amnesty International, “Freedom Limited: The Right to Freedom of Expression in the Russian Federation”, EUR 46/008/2008; “Uzbek Journalist Must be Released: Ulugbek Abdusalamov” , UA: 144/10 Index: EUR 58/006/2010; “Indonesia: Atheist Imprisonment a Setback for Freedom of Expression”, ASA 21/021/2012.

9 似た趣旨で、表現の自由の段階を権威主義、自由主義、ポスト自由主義に分けて、(表現の自由を抑圧する)「権威主義」から急速に(平和、人権のために表現の自由を制限する)「ポスト自由主義」へ移行した韓国の危険な現実が指摘されてもいる。イ・ジェスン、“扇動罪の起源と本質”、〈民主法学〉57、2015、154～157ページ参照

10 このような脈絡で名誉棄損罪と侮辱罪は廃止しなければならず、ヘイト表現禁止法を導入すべきという主張に注目する必要がある。パク・キョンシン、『表現・通信の自由』4章参照

11 世界人権宣言、自由権規約など国際規範にヘイト表現禁止条項の挿入を主導した国々が、主に全体主義国家だったという点は示唆するところが大きい。この点については次を参照。Coleman, Censored: How European “Hate Speech” Laws are Threatening Freedom of Speech, Kairos Publications, 2012, p. 15.

12 このような苦悩が始まった最初の意味ある成果については次を参照。Coliver (ed), Striking a Balance: Hate Speech, Freedom of Expression and Nondiscrimination, Article 19 and Human Rights Centre, University of Essex, 1992.韓国の文献も似た問題意識を披瀝している。キム・ヂへ、“差別扇動の規制”、68～73ページ;イ・ジュニル、“ヘイト表現と差別的表現に対する規制の必要性と方式”、79～80ページ;キム・ミンジョン、“イルベ式「悪口」の法的規制について:オンライン上でのヘイト表現に対する概念的考察”、＜言論と法＞13(2)、2014、157～158ページなど参照

13 Article 19, “Prohibiting Incitement to Discrimination, Hostility or Violence (Policy Brief)”

14 似た趣旨で「世界観扇動」と「行為扇動」を区分する見解もある。イ・ジェスン、“扇動罪の起源と本質”、＜民主法学＞57、2015、152～153ページ参照。世界観扇動がある態度や思考体系をもつように扇動するものだとすれば、行為扇動は特定の行為をするように扇動することを意味する。ヘイト表現を差別表現、ヘイト表現、憎悪扇動、テロリズム扇動、ジェノサイド扇動などに区分する主張もある。N. Ghanea, “The Concept of Racist Hate Speech and its Evolution over time”, Paper presented at the United Nations Committee on the Elimination of Racial Discrimination's day of thematic discussion on Racist Hate Speech 81st session, 28 August 2012, Geneva, p. 5.

15 Brandenburg v. Ohio, 395 U.S. 444, 447 (1969).

16 S. G. Gey, “The Brandenburg Paradigm and Other First Amendments” , Journal of Constitutional Law, 12(4), 2010, p.983; イ・ブハ、“アメリカ憲法上明確で現存する危険の原則”、＜憲法学研究＞12

(2)、2006、198〜199ページ

17 事実、自由権規約制定当時も、草案は「暴力扇動」にだけ適用されるようになっていた。暴力扇動のみ規律対象と見なさなければならないという意見としては次を参照。P.B. Coleman, Censored, pp. 75~80; Mendel, "Does International Law Provide for Consistent Rules on Hate Speech", p. 428; P. Molnar, "Responding to Hate Speech with Art, Education, and the Imminent Danger Test", in M. Herz and P. Molnar (ed), The Content and Context of Hate Speech: Rethinking Regulation and Responses, Cambridge University Press, 2012, pp. 193~196.

18 Molnar, "Responding to Hate Speech with Art, Education, and the Imminent Danger Test" , pp. 193~196.

19 イ・ジュニル、"ヘイト表現と差別的表現に対する規制の必要性と方式"、79〜80ページ参照

20 イ・ジュニル、"ヘイト表現を法で処罰できるのか？"、172〜185ページ参照

21 Bacquet, Freedom of Expression v. Hate Speech, pp. 41~42.

22 "ドイツで難民・イスラムヘイト、極右犯罪が急増"、＜連合ニュース＞、2017年7月2日(https://www.yna.co.kr/view/AKR20170630197500009)

23 イギリス、ドイツ、フランスのヘイト表現の処罰事例とともに、ヘイト表現処罰件数がヘイト表現禁止法の「効果」に見当をつける尺度となるのは難しいが、最小限、ヘイト表現処罰が非常に深刻な事例にのみ適用された事実を示すという指摘がある。E. Bleich, The Freedom to be Racist: The Freedom to Be Racist?: How the United States and Europe Struggle to Preserve Freedom and Combat Racism, OUP, 2011, pp. 142~143参照。一方、イギリスのヘイトスピーチ規制についての批判(表現の自由の縮小、処罰禁止効果なし、乱用などが誇張されているという批判もある。P. N. S. Rumney, "The British Experience of Racist Hate Speech Regulation: A Lesson for First Amendment Absolutists?", Common Law World Review 117, 2003, p. 136.

24 カナダでは法務部長官の許可があれば起訴できる。重要な事件のみ起訴しようという趣旨と理解できる

25 もちろん刑事罰によってある犯罪が「根絶」されるわけではない。一例として、殺人、強盗、窃盗は処罰されるがこれらの犯罪が根絶したわけではない。しかし司法当局はこれらの犯罪を徹底して取り締まるために努力し、潜在的犯罪者も取り締まりを恐れるのだ。刑事罰化によってこれらの犯罪が根絶されなくても、犯罪が増加しない要因にはなりうる。一方、ヘイト表現禁止法が禁止するヘイト表現についてはそのような取り締まりの試みを事実上放棄するという点で違いがある。すべての禁止法には象徴的な機能があるが、ヘイト表現禁止法は象徴的機能が主な機能だという話だ

26 Parekh, "Is There a Case for Banning Hate Speech", p. 46; A. Tsesis, Destructive Messages: How Hate Speech Paves the Way for Harmful Social Movements, New York University Press, 2002, p. 196; K. Gelber, Speech Matters: Getting Free Speech Right,OUP, 2011, pp. 101~102; M. Jones, "Empowering Victims of Racial Hatred by Outlawing Spirit-Murder", Australian Journal of Human Rights 19, 1994, p. 10; D. O. Brink, "Millian Principles, Freedom of Expression, and Hate Speech", Legal Theory 7(2), 2001, pp. 154~155.

27 Jones, "Empowering Victims of Racial Hatred by Outlawing Spirit-Murder", p.10.

28 Brink, "Millian Principles, Freedom of Expression, and Hate Speech", p. 155.

29 ゴードン・オールポート、『偏見の心理』29章参照

30 ヌスバウム、『ヘイトから人類愛へ』287〜288ページ

31 Jones, "Empowering Victims of Racial Hatred by Outlawing Spirit-Murder", p.10; Brink, "Millian Principles, Freedom of Expression, and Hate Speech", p. 154.

32 パク・ヘヨン、"ヘイト表現(Hate Speech)に関する憲法的考察"、＜公法学研究＞16(3)、2015、162ページ

33　むしろ象徴刑法は、法治国家の原則と衝突したりもする。ヴィンフリート・ハッセマー、『刑法政策』ペ・ジョンテ・イ・サンドン訳、セチャン出版社、1998、「[13]象徴的な刑法と法益保護」参照

34　Weinstein, Hate Speech, Pornography, And Radical Attacks on Free Speech Doctrine, pp. 185~186.

35　神原元、『ヘイト・スピーチに抗する人びと』、新日本出版、2014。この本は刑事罰化について否定的な立場を披瀝しながら、差別禁止基本法に罰則条項のない禁止規定を置くことを提案している。そしてその後実際に日本のヘイトスピーチ解消法は罰則条項がない宣言的法律として制定された。

レッスン 12

1　ここでヘイト表現の規制について一般的に禁止と許容を論じることが、どれほど虚しいことなのかが分かる。具体的な規制領域と具体的な規制方法を前提にせずヘイト表現の規制の問題を論じるのは空虚なことだ

2　この事件は後にヨーロッパ人権裁判所に提訴された。彼らは同性愛をヘイトしたのではなくスウェーデンの学校で同性愛に対する客観性が欠如した議論をしたため、論争を触発するためにビラをまいたのだと主張し、ヨーロッパ人権裁判所に提訴した。しかしヨーロッパ人権裁判所は、処罰が正当だという判決を下した(Vejdeland and others v. Sweden, 2012).

3　Council of Europe, Additional Protocol to the Convention on Cybercrime concerning the Criminalisation of Acts of a Racist and Xenophobic Nature Committed through Computer Systems, ETS No. 189, 28 January 2003.

4　イ・ジュヨン、“ヘイト表現に対する国際人権法的考察”、199〜201ページ。これを「差別扇動(incitement to discrimination)」と呼ぶ見解もあるが(キム・チヘ、“差別扇動の規制”、40〜43ページ)、差別、敵意、暴力に対する扇動という意味をきちんと含ませようとするならば「憎悪扇動(incitement to hatred)」の方が適切だと思われる

5　もう少し詳しく「意図のない差別」、「意識的差別」、「差別的憎悪の扇動」、「差別的暴力の扇動」などに区分することもある。C. ortese, Opposing Hate Speech, pp. 8~9.

6　“KBS理事“同性愛者の群れを指し示す汚らわしい左派”、＜京郷新聞＞2015年10月8日(http://news.khan.co.kr/kh_news/khan_art_view.html?artid=201510081719041&code=940100)

7　場合によって侮辱罪や名誉棄損罪で刑事処罰することも可能だ

8　もう少し効果的な救済のためには立証責任の転換、市民団体の訴訟提起権の付与、反論権付与などの制度改善策が適切に補完されなければならないという提案もある。Article 19, “Prohibiting Incitement to Discrimination, Hostility or Violence(Policy Brief)”, 2012, pp. 41~42; Council Directive 2000/43/EC of 29 June 2000 implementing the principle of equal treatment between persons irrespective of racial or ethnic origin, Article 8.

9　民事規制と差別救済(非司法的救済)の長所と短所についての比較は、次を参照。人権法教材発刊委員会、『人権法』アカネット、2006、「3部人権の救済」参照

10　このような国家人権機構(差別是正機構)の長所を、(1)アプローチ効果と迅速性(2)独立性(3)人権の観点に基づく救済(4)説得的、協力的人権救済(5)根本的問題解決方法の提示などで説明することもある。ホン・ソンス、“国家人権委員会の調査・救済機能に対する評価と課題;出帆以後10年間の統計を中心に”、＜法学研究＞34、全北大学法学研究所、2011、82〜86ページ参照

11　ホン・ソンス、“国家人権委員会の調査・救済機能に対する評価と課題”、84ページ;ホン・ソンス、“法による人権保護の限界と国家人権機構の存立根拠:「正規の国家機構」としての人権委の機能と位相”、＜高麗法学＞58、2010、164〜171ページ;イ・ジュニル、“ヘイト表現と差別的表現に対する規制の必要性と方式”、83〜84ページ参照

12　UN Special Rapporteur on Freedom of Expression, Report on Hate Speech and Incitement to Hatred, 7 Sep. 2012, 1/67/357. para. 57ページではこれを“非法的措置(non-legal measures)”と呼ぶが、国

家がこのような措置を取ろうとすると、法的根拠が必要だという点で適切な表現なのか疑問である。禁止、差別と対比して"自己の侵害が少ない方法(less self-intrusive ways)"という表現が、形成的措置を意味することばとして使われることもある。Braum, Democracy Off Balance, p. 216.

13 UN Special Rapporteur on Freedom of Expression, Report on Hate Speech and Incitement to Hatred, 1/67/357. para. 56~74; Article 19, "Responding to Hate Speech Against LGBTI People (Policy Brief)", 2013, pp. 21~24.

14 これを「形成的規制」に含ませたのは、「規制」という概念に、法規制はもちろん対象に影響を及ぼす全ての要素(文化、社会規範など)が含まれるという点を前提にしたものだ。ホン・ソンス、"規制学:概念、歴史、展望"、〈アナム法学〉26、2008、3～4ページ参照

15 1990年代以降、大学内の反性暴力政策についてはホン・ソンス、"大学内反性暴力政策の課題と展望:「小さいものたちの政治」を中心に"、〈性平等研究(カトリック大)〉15集、2011、29～53ページ参照

16 ソウル大学の学部及び大学院総学生会が人権ガイドライン草案を制定し、本部及び教職員との協議を提案したが、2016年10月ソウル大学本部のシフンキャンパス推進に反発する学部生たちの本部占拠によって論議が中断した状態だ

17 これはアメリカのデュポン(DuPon)社でセクハラ事件が発生したとき、職員が自律的、非公式的対応方案を模索するための教育プログラムを進行した事例を参照した。ヘイト表現対応にも同じような方式が適用できるはずだ。 A. Marshall, Confronting Sexual Harassment: the Law and Politics of Everyday Life, Ashgate Publishing Company, 2005, p. 169.

18 〈表現の自由と責任:漫画家が注意すべきヘイト表現〉 (http://blog.naver.com/sisacartoon/220768852212).

19 American Civil Liberties Union, "Hate Speech on Campus" (https://www.aclu.org/hate-speech-campus).

20 ヨーロッパが"国家主導型対応モデル"とするなら、アメリカは市民社会の自律的な努力に期待をかけるモデルと言うのが妥当だという。A. Jacobson and B. Schlink, "Hate Speech and Self-Restraint", in M. Herz and P. Molnar (ed), The Content and Context of Hate Speech: Rethinking Regulation and Responses, Cambridge University Press, 2012, p.239.

21 アメリカの大学の事例については次を参照。T. C. Shiell, Campus Hate Speech on Trial, University Press of Kansas, 2nd ed, 2009; J. B. Gould, Speak No Evil:The Triumph of Hate Speech Regulation, The University of Chicago Press, 2005; M. Heumann and T. W. Curch, Hate Speech on Campus: Cases, Case Studies, and Commentary, Northeastern University Press, 1997; チョ・ソヨン、"規制の必要性と規制方法論に対する憲法的評価:大学内における敵意的表現行為に対する規制学則を中心に"〈憲法判例研究〉6、2004、91～111ページ参照

22 "Rabat Plan of Action on the prohibition of advocacy of national, racial or religious hatred that constitutes incitement to discrimination, hostility or violence" , para. 24~29; Amnesty International, "Written Contribution to the Thematic Discussion on Racist Hate Speech and Freedom of Opinion and Expression Organized by the United Nations Committee on Elimination of Racial Discrimination", 28 August 2012, pp. 8~9;イ・ジュヨン、"ヘイト表現に対する国際人権法的考察"、212～213ページ;イ・ジュニル、"ヘイト表現を法で処罰できるのか?"、186～187ページなどを参照。

レッスン 13

1 ただし、アメリカの一部自由主義者は、このようなハラスメント、特に環境型ハラスメントに対する規制政策が表現の自由と衝突すると主張する

2 改善方案については〈インターネットにおけるヘイト表現(Hate Speech)規制改善方案研究〉、放送通信審議委員会審議政策研究開発事業報告書、研究責任者:チョ・ソヨン、2016、135～138ページ、146

ページ参照

3 オンライン空間に対する自律規制と共同規制については〈インターネットにおけるヘイト表現(Hate Speech)規制改善方案研究〉、114〜120ページ参照

4 この行動綱領に対する解説としてはイ・ジョンニョム、"2016年ヨーロッパ連合の〈不法オンラインのヘイト発言に対応するための行動基準(Code of Conduct on Countering Illegal Hate Speech Online)が持つ法的意味と争点の検討"、〈法と社会〉53、2016参照

5 同じ趣旨の主張は次を参照。小谷順子、"日本の憎悪表現(ヘイトスピーチ)規制に対する考察"、イ・スンヒョン訳、〈延世公共ガバナンスと法〉6(1)、2015、106〜107ページ

6 K. Gelber and L. McNamara, "The Effects of Civil Hate Speech Law: Lessons from Australia", Law & Society Review 49(3), 2015, pp. 631~664; Gelber, "Hate Speech and the Australian Legal and Political Landscape"2007, 一方、2012年にカナダは人権法13条の「ヘイトメッセージ(hate messages)」条項を議論の末、廃止した。差別禁止法による規律も禁止、処罰の仕組みに基づいている限り、乱用の素地がないわけではない。乱用を防ぐための一つの方法として、オーストラリアの人種差別禁止法(1975)では芸術、学術、科学的目的や公共利益の問題については適用を排除する規定(18D)を置いている

7 刑法、一部改正法律案(アン・ヒョデ議員代表発議、2013年6月20日)

8 ただし、5・18光州民主化運動に対する否定は特定地域への「差別」につながる素地がある。そういった趣旨から、親日や民主化運動に関する歴史否定罪の立法には正当性がないが、5・18民主化運動に対する否定は湖南人差別という観点で刑事罰化できるという主張が提起されている。キム・ジェユン、"5・18民主化運動否認に対する刑法的規制方案"、〈法学論叢〉35(2)、全南大学法学研究所、2015、244ページ参照

9 公職選挙法、一部改正法律案(チン・ヨン議員代表発議、2015年6月9日)。

レッスン 14

1 神原元、『ヘイト・スピーチに抗する人びと』

2 演説の専門翻訳は、http://www.huffingtonpost.kr/2017/01/09/story_n_14047084.html?utm_id=naver参照

3 例えば2015年6月17日、新しい政治連合政策委員会は「ヘイト発言制裁のための立法討論会」を主催した。ただし、従北勢力やアカ勢力をヘイト表現の標的集団である少数者と見なすためには差別の歴史、差別の現実などがもう少し精密に論証されなければならないだろう

4 動画:https://youtu.be/qtxU9iOx348、全文:file:///C:/Users/dubiu/Desktop/Video%20message%20by%20the%20Secretary-General.pdf.

5 メガリアは後にウォマド(WOMAD)などの別のミラーリングサイトへ発展していったが、ここではメガリアについての分析に限定する

6 バズフィードが作成した動画を参照(https://youtu.be/HmPVDFU7mpM)

7 ユ・ミンソクのFacebook(https://www.facebook.com/dreamsnail)2016年11月16日のポスティングを参照し再構成したものだ。引用を承諾してくださったユ・ミンソク先生に感謝申し上げる

8 例えばイ・ヒョンジェ、『女性嫌悪その後、私たちが出会った非体』69〜73ページ

9 メガリアのミラーリングを対抗表現と見なせることを多様な事例で示すのは、ユ・ミンソク、『メガリアの反乱』;ユ・ミンソク、"ヘイト発言に寄生する:メガリアの反乱的な発話"、〈女/性理論〉33、2015年冬号参照

10 チョン・ヒジン、"メガリアはイルベに組織的に対応した唯一の当事者"、〈ハンギョレ新聞〉2016年7月31日(http://www.hani.co.kr/arti/society/women/754513.html#csidx58c809e38e0e04ebab8e1882b63ea84)

11 ソン・ヒジョン、"今「メガ-以後」を見なければならない時"、〈ル・モンド・ディプロマティーク〉97号、2016年9月30日(http://www.ilemonde.com/news/articleView.html?idxno=6413)

12 キムホン・ミリ、"目の前に現れた「メガリアの娘たち」"、イルタ、2015年6月11日(http://www.ildaro.com/7122)

13 クォンキム・ヒョニョン、"メガリアの鏡に映った世界"、〈ル・モンド・ディプロマティーク〉97号、2016年9月30日(https://www.ilemonde.com/news/articleView.html?idxno=6414)

レッスン 15

1 日本のカウンター運動については神原元、『ヘイト・スピーチに抗する人びと』と、イ・イルハの『カウンターズ』参照

2 神原元、『ヘイト・スピーチに抗する人びと』

3 神原元、『ヘイト・スピーチに抗する人びと』

4 当事者によるヘイト表現対応事例としては『力強くなるヘイト対応法・・・「ノー!」と言って下さい。そうすれば変わります』〈京郷新聞〉、2017年10月23日(http://news.khan.co.kr/kh_news/khan_art_view.html?art_id=201710221839001)参照

5 メガリアのミラーリングをバトラー理論の応用事例と見ることもある。ユ・ミンソク、『メガリアの反乱』;ユ・ミンソク、『ヘイト発言に寄生する:メガリアの反乱的な発話』〈女/性理論〉33、2015年冬号参照

6 メガリアを「ポスト女性主体」の登場と理解することもある。リュ・ジニ、『彼らが唯一理解することば、メガリアミラーリング』チョン・ヒジン編、『女性平等に反対する』教養人、2017;メガリアの遺産が多様なオンライン女性運動へ帰結したことに注目する学者もいる。ユン・ボラ、『メガリアの「鏡」に映るいくつかの質問』ユン・ボラ他、『それでもフェミニズム』ウネンナム、2017年参照

7 ジュディス・バトラー、『ヘイト発言:あなたとわたしを激昂させることば、そして遂行性の政治学』ユ・ミンソク訳、アルレップ、2016年、35〜37ページ、138ページ

8 そのような点でバトラーは国家が発話主体を罰するヘイト表現の刑事罰化に否定的だ。ヘイト表現の危害が明らかでない状況で国家に処罰権限を付与するのは、むしろ普通の人たちの権利と権力を縮小させることを警戒しているのだ。バトラー、『ヘイト発言』94〜95ページ;イム・オッキ、『ジュディス・バトラーを読む』ヨイヨン、2006、170ページ、240〜241ページ;K. Zivi, 『Rights and the Politics of Performativity,』 T. Carver and S. A. Chambers(eds), Judith Butler's Precarious Politics: Critical Encounters, Routledge, 2008, pp.158~165.

9 チュ・ジヒョン、『対抗発話(Counter-Speech)の可能性と制約要因』〈ヘイト表現に対応する法、討論会資料集〉、刑事政策研究院主催、青年文化空間JUトンキョドン、2017年10月16日、37〜40ページ参照

エピローグ

1 デートレフ・ポイカート、『ナチス・ドイツ:ある近代の社会史:ナチ支配下の「ふつうの人びと」の日常』キム・ハギ訳、ケマコウォン、2003

2 オールポート、『偏見の心理』14章参照

3 以下の内容は次の記事を参照。"孤立主義を叫んだトランプ「孤立」…人種主義擁護に「味方」も背を向ける"、〈マネートゥデイ〉、2017年8月17日(http://news.mt.co.kr/mtview.php?no=2017081710094028094&outlink=1&ref=http%3A%2F%2Fsearch.naver.com).

4 このような仮定は不可能な未来ではない。ホモフォビア発言をためらわなかったホン・ジュンピョ候補が大統領選挙で24パーセントの得票で2位を占め、第1野党である自由韓国党[現在の党名は、国民の力]の代表選挙で65.7パーセントの得票で当選した

5 ヌスバウム、『ヘイトから人類愛へ』28〜29ページ、2章参照

ホン・ソンス（홍성수、洪誠秀）

1975年生まれ。韓国・淑明女子大学法学部教授。専門は法哲学と法社会学。高麗大学で学士、修士を経て、ロンドン・スクール・オブ・エコノミクスで国家人権機構についての法社会学的研究で博士号取得。スペイン国際法社会学研究所、オックスフォード社会・法研究所、ロンドン大学人権コンソーシアムなどでの研究を経て現職。2016年に韓国の「ヘイト表現の実態調査及び規制方案の研究」の研究責任者として報告書作成にかかわり、現在も包括的差別禁止法の制定に取り組んでいる。

たなともこ（たなともこ）

1978年京都府生まれ。大学非常勤講師。通訳案内士。立命館大学法学部、同大学院修士課程をへて、ソウル大学法学部博士課程に留学（単位取得）。ハン・インソプ「韓国の国民参与裁判」（法学セミナー2010年4月号、日本評論社）など、法学・社会学関係を中心に翻訳に携わる。

相沙希子（あい・さきこ）

1979年千葉県生まれ。東京女子大学現代文化学部卒業。高麗大学韓国史学科修士課程修了（開港期専攻）。2007年から2018年まで公益財団法人日韓文化交流基金に勤務し、現在は韓国在住。

パク・ジョンフ（박종후、朴鍾厚）

1978年ソウル生まれ。延世大学人文学部卒業。同大学大学院国語国文学科修士・博士課程修了（文学博士）。同志社大学嘱託講師を経て、現在獨協大学国際教養学部特任准教授。

［シリーズ］いきする本だな

ヘイトをとめるレッスン

2021年5月20日　初版発行

2200円＋税

著者

ホン・ソンス 홍성수

訳者

たなともこ、相沙希子

編集協力

朴鍾厚

カバーイラスト

ス・シンジ 수신지

パブリッシャー

木瀬貴吉

装丁

安藤順

発行　ころから

〒115-0045

東京都北区赤羽1-19-7-603

TEL　03-5939-7950

FAX　03-5939-7951

Mail　office@korocolor.com

Web-site　http://korocolor.com

Web-shop　https://colobooks.com

ISBN 978-4-907239-52-7

C0036

mrmt

いきする本だな

まーくのえともじ●金井真紀

I can't breathe. —— 息ができない —— との言葉を遺し二人の米国人が亡くなりました。2014年のエリック・ガーナーさん、そして2020年のジョージ・フロイドさんです。

白昼堂々と警官に首根っこを抑えつけられ殺された事件は、米国社会に大きな衝撃を与え、抗議する人々が街頭へ出て「ブラック・ライブズ・マター（黒人の命をなめるな！）」と声をあげることになりました。

このムーブメントは大きなうねりとなり、世界中で黒人たちに連帯するとともに、それぞれの国や地域における構造的な差別と暴力の存在を見つめ直す機会となったのです。

さて、いま21世紀の日本社会に暮らすわたしたちは、どんな息ができているでしょうか。

誰に気兼ねすることなく、両手を広げ大きく息を吸って、思う存分に息を吐くことができているでしょうか？

これは、ただの比喩ではなく、ガーナーさんやフロイドさんと同じように物理的に息を止められていないと言い切れる社会でしょうか？

私たち、ころからは「ブラック・ライブズ・マター」のかけ声に賛同し、出版を通じて、息を吸うこと、吐くことを続けようと決意しました。

これらの本が集うシリーズ名は「いきする本だな」です。息することは、生きること。そんな誰にとっても不可欠な本を紹介していきます。

息するように無意識なことを、ときには深呼吸するように意識的なことを伝えるために。

2021年　ころから